党的二十大报告从国家发展、民族复兴高度，提出“推进文化自信自强，铸就社会主义文化新辉煌”的重大任务，对“繁荣发展文化事业和文化产业”作出部署安排，为做好新时代文化工作提供了根本遵循。时尚研究作为文化产业的重要组成部分，有着拓展与深化的重要使命。为深入贯彻党的二十大精神，广泛践行社会主义核心价值观，时尚研究在推动这一价值观传播过程中，应注重倡导健康、积极向上的时尚文化。中国时尚文化是国家综合实力和中华文明自信的融合呈现，更应该体现文化自信，让积极向上的价值观融入其中，塑造文明新风尚。

在上述背景下，本书选取的案例中结合了“民族文化自信”“品牌强国”“绿色时尚可持续”等思政内容，采用“项目导向、任务驱动”的方式，通过构建不同工作场景来解析完成任务中所需具备的知识、技能与素养。书中阐述了消费者在进行以服装商品为代表的时尚消费行为时心理变化的过程和状态，消费者个体生理与心理特征对时尚消费行为的影响，导购服务、卖场陈列与氛围、商品价格及广告等品牌营销对时尚消费行为的影响。本书中既有深入浅出的理论分析，又搭配了生动、典型的拓展案例，是一本融理论性、实操性于一体的教材。为了便于教学使用和学生自用，本书设置了教学目标、知识学习、案例拓展、头脑风暴、知识测试等多个栏目，帮助学生对所学知识不断消化、巩固与拓展。

本书构思新颖、内容简练，既可作为高职服装营销相关专业学生的教材，又可作为服装企业相关人员的培训教材和参考读物。

本书由杭州职业技术学院达利女装学院组织编写，陈诺、陈玉发担任主编，杨龙女、王慧担任副主编。在本书的编写过程中，编写团队参阅了大量的文献和报告，并得到了东华大学出版社的精心指导和大力支持，在此对各位专家、老师的辛勤付出表示衷心感谢！

由于作者水平有限，加之时尚零售行业不断变化，书中难免存在错漏之处，恳请广大学者、同仁与读者批评指正，以便使之日臻完善。

编者

2023 年 7 月

纺织服装类“十四五”部委级规划教材

时尚消费行为项目化教程

陈诺 陈玉发——主编

東華大學出版社
·上 海·

图书在版编目（CIP）数据

时尚消费行为项目化教程 / 陈诺，陈玉发主编 . —
上海：东华大学出版社，2023.8
ISBN 978-7-5669-2218-2

Ⅰ . ①时… Ⅱ . ①陈… ②陈… Ⅲ . ①消费者行为论
—教材 Ⅳ . ① F036.3

中国国家版本馆 CIP 数据核字（2023）第 111798 号

责任编辑 刘 宇
封面设计 TAK STUDIO

时尚消费行为项目化教程
SHISHANG XIAOFEI XINGWEI XIANGMUHUA JIAOCHENG

主 编 陈 诺 陈玉发
副 主 编 杨龙女 王 慧
出版发行 东华大学出版社（上海市延安西路 1882 号 邮政编码：200051）
营销中心 021-62193056 62379558
出版社网址 http://dhupress.dhu.edu.cn/
印 刷 上海盛通时代印刷有限公司
开 本 710mm × 1000mm 1/16 印张 10.5 字数 181 千字
版 次 2023 年 8 月第 1 版 印次 2023 年 8 月第 1 次印刷
书 号 ISBN 978-7-5669-2218-2
定 价 58.00 元

目 录

影响时尚消费行为的品牌卖场方案设计

项目七 影响时尚消费行为的品牌营销方案策划

CHAPTER 1

项目一 时尚消费行为概述

教学目标

【知识目标】

1. 了解什么是消费、消费者、时尚消费者。
2. 了解时尚消费行为的概念、研究对象、研究内容。
3. 了解时尚消费行为四种研究方法的优、缺点。

【能力目标】

1. 能从不同角度对消费者进行区分。
2. 能根据不同的研究目的挑选适合的消费行为研究方法。
3. 能熟练策划时尚消费行为调查问卷。

【素质目标】

1. 培养学生细心观察、发现问题、解决问题的综合能力。
2. 培养学生具备绿色环保意识。
3. 培养学生进行消费行为研究时所需的创新思维。

任务一　认知时尚消费行为

【任务描述】

请从不同视角出发，结合案例，尝试梳理研究时尚消费行为的意义及具体研究内容。

【知识学习】

一、消费、消费者、时尚消费行为

（一）消费

消费是消费主体出于延续和发展自身的目的，有意识地消耗物质资料和精神产品。从广义上看，人类的消费行为可以划分为生产消费和个人消费两大类。生产消费是指生产过程中工具、原材料、燃料、人力等生产资料的消耗，是维持生产过程连续进行的基础条件。个人消费是指人们为了自身生存需要而对各种生活资料、劳务及精神产品的消耗。消费行为研究的范畴是消费者的个人消费。个人消费是人类社会最大量、最普遍的经济现象和行为活动。

（二）消费者

消费者，是指为了满足个人或组织需求，购买或使用商品的个人或组织，可以泛指实际参与购买某一个过程或者全过程的人。商品可以是现实的物质产品，也可以是文化产品或者劳务。我们可以从以下几个方面来认识消费者（表 1–1）。

表 1-1 消费者分类

<table>
<tr><th>划分依据</th><th colspan="6">划分种类</th></tr>
<tr><td>消费过程</td><td colspan="2">需求者</td><td colspan="2">购买者</td><td colspan="2">使用者</td></tr>
<tr><td>商品消耗</td><td colspan="2">现实消费者</td><td colspan="2">潜在消费者</td><td colspan="2">永不消费者</td></tr>
<tr><td>消费主体</td><td colspan="3">个体（含家庭）消费者</td><td colspan="3">集团消费者</td></tr>
</table>

1. 从消费的过程看

从消费的过程看，消费者可以分为需求者、购买者和使用者。需要注意的是这三者可能是同一个人也可能不是同一个人。例如，老年人的消费品通常是由子女帮助购买的，老年人可以是商品的需求者与使用者，但是他们并非实际购买者。另一方面，子女作为购买者，也并非实际商品的使用者。无论是需求者、购买者还是使用者，都属于消费者。

头脑风暴

王女士的朋友刚刚生了孩子，王女士打算购买一套宝宝百日套装作为礼物送给这位朋友。可是最近王女士工作很忙，于是委托她的母亲帮忙去商店里挑选购买。衣服买来后，王女士将礼物送给她的朋友，朋友表达了感谢后开开心心地把衣服给孩子穿上。

请问在这个案例中需求者、购买者、使用者分别是谁？不同的消费者角色在消费过程中分别会考虑哪些问题？作为企业方，会特别重视消费过程中的哪个角色？

2. 从商品消耗的角度看

从商品消耗的角度看，消费者可以分为现实消费者、潜在消费者和永不消费者。现实消费者，是指通过现实中的交易，已经获取了商品并从中受益的人。潜在消费者，是针对现实消费者而言的，是指还未产生购买动机或尚无购买需求，但是在将来某个时间可能会转变为现实消费者的人。这类消费者或有购买兴趣、购买需求，或有购买欲望、购买能力，但尚未与企业发生交易关系。值得注意的是，潜在消费者可以细分为一般潜在消费者和竞争者的消费者。由于消费者的购买心理具有复杂多变性，所以潜在消费者与现实消费者之间的界限是比较模糊的，而且两者本身就是处于不断动态转化中。企业尤其要深刻思考的是如何获取那些已经在竞争者那里消费的潜在消费者。永不消费者是泛指那些当下或者未来都不会对某种商品产生购买动机或需求的人。

3. 从消费的主体看

从消费的主体来看，消费者可以划分为个体（含家庭）消费者与集团消费者。个体（含家庭）消费者主要指为了满足个体或家庭对于商品的需要而进行购买或使用的人。其购买特点是频率高但单次消费金额较少，在商品的消费过程中受个人（含家庭）经济状况、主观愿望、喜好的影响较大，同时还受到购物场所环境影响，通常带有很强烈的感情色彩。与之相对应的集团消费者是指为了满足集团对于商品的需要而进行购买或使用的集团主体。集团消费者的特点是购买频率具有一定规律性、周期性，单次消费金额较高，购买过程更为理性、程序化。集团消费者往往与供应商建立长期合作伙伴关系，以确保稳定的供应和更优惠的条件。

时尚消费者是指那些购买服装、配饰、化妆品以及其他与时尚相关产品的消费者。他们通常对时尚产业有较高的敏感度，并愿意在时尚产品上花费较多的金钱。时尚消费者在购买决策中通常容易受到时尚杂志、社交媒体、时尚名人以及时装秀场等影响。

（三）时尚消费行为

1. 消费心理与行为

消费心理是指消费者进行消费活动时所表现出的心理特征与心理活动，它涵盖了消费者购买商品或服务的需求、动机、态度、情感、偏好和决策等方面。然而由于心理具有内隐性，无法直接通过肉眼观察捕捉，只有通过对消费者在消费过程中具体外在表现行为的把握来分析。消费行为是消费心理的外在显现，研究消费心理通常是通过研究消费者具体行为这一载体来展开的。在消费者的实际购买过程中，对商品的选择、比较、分析等各个环节无不受到心理活动的支配。

2. 时尚消费行为

时尚消费行为是指消费者进行服装、鞋履、配饰、化妆品、珠宝等与时尚相关商品的消费活动时的心理特征与调节自身消费行为的心理过程以此表现出的具体外在行为。以服装为代表的时尚类商品兼具实用性与装饰性，在选购过程中，消费者所表现出来的心理活动复杂而多样且易受外部环境影响。体验经济背景下的时尚消费者以更加个性化、多变的形象出现，时尚消费行为受到时尚产业、广告宣传、社会文化和个人价值观等多种因素的影响。

二、研究时尚消费行为的意义

（一）有助于企业制定经营决策，提高市场竞争力

在买方市场为主导的今天，消费者有了前所未有的选择权。企业在经营中难免面临库存积压、同行竞争者众多、租金昂贵等严峻现实。为了满足消费者的需求变化，企业只有深入研究消费者心理活动过程，并且把握消费者在消费过程中可能受到的来自外界或是内在因素影响而产生的消费行为变化，更好地理解消费者的需求和行为，才能在现如今激烈的市场竞争中生产出对路的商品，制定有效的市场营销策略，从而占据优势，创造企业效益。

案例拓展

维密在中国市场快速转身的秘密[①]

2019 年，美国内衣品牌维多利亚的秘密 Victoria's Secret（简称维密）一度成为舆论的焦点，从性感品牌形象到商业模式，这个极具时代符号角色的品牌被作为切口，折射出全球社会正在

① Drizzie. 深度 | 维密在中国市场快速转身的秘密 [EB/OL].https://mp.weixin.qq.com/s/HiUnwISGaiFs-pF7UAHbWQ，2022-09-09.

经历的关键变化。然而在此之后，这个内衣品牌令人意外地在一片唱衰中卷土重来。维密从2020年11月任命Janie Schaffer为首席设计官后，品牌产品正式转向以女性切身需求作为出发点，从“悦他”变为“悦己”，回归以产品为核心、以客户为本的宣传策略。

在中国市场，维密近一年来的密集布局同样传递出焕然一新的势头。首先，维密宣布将重点布局电商渠道，满足消费者线上服务需求。毫无疑问电商是攻取中国市场的关键，因此维密在第一步通过实体店落脚后，紧接着便是在线上积极“补课”。另外，据维密表示，借助内衣制造商维珍妮在中国内衣行业长期积累的经验、领先的研发实力以及与天猫成立T-LAB数字产业实验室等优势，品牌将更精准地应对中国消费者的需求和喜好变化。维密近期在产品上的发力是显而易见的，包括发布两款新品“果冻条小背心”和“无尺码超模裤”（图1-1），均踩中了疫情影响下消费者对于舒适度的迫切需求，同时提供了优越性价比。据悉，“果冻条小背心”在推出的三个月内销量超20多万件。针对消费者不断升级的穿着要求和市场趋势，维密又以全新软支撑技术（Resiltech）打造重磅产品“反重力文胸”，对舒适和性能的平衡进行升级。该系列还为不同身形的消费者提供多种款式和尺码的选择。

图1-1 维密无尺码超模裤

维密新上任的创意总监带领品牌开启了一系列全新的视觉企划，在中国市场，维密凭借全新的形象和营销创意获得越来越多消费者的认可。维密依然是主打性感，但将“性感”的定义转变为“取悦自己、舒适、不迎合”的性感。同时借助代言人传递了“舒服才是最性感的”，和当下“打破束缚，做自己身体的主宰”这一观点不谋而合。无疑，这一营销策略重新捕获了新时代中国女性消费者的好感。

（二）有助于提高销售人员职业素养，提升服务水平

销售是一种看似入行门槛不高，但是真正要创造高业绩却并非易事的岗位。作为时尚企业与消费者之间的沟通桥梁，销售人员直接与消费者产生互动，他们通过与消费者沟通，促使其做出购买决策。销售人员本身的一言一行在很大程度上就代表着整个企业的形象，同时销售人员的业务水平也直接影响到企业的经营业绩。通过对时尚消费行为的不断学习，分析行为背后的逻辑，可以有助于销售人员更好地把握消费者需求、推荐适合的商品、营造舒适的消费体验。

（三）有助于消费者提高消费决策能力，增加消费效益

作为消费活动的主体，很多消费者在进行时尚类商品选购时由于专业知识的缺乏、认知水平的偏差、消费观念的落后等因素会难以做出合理的消费选择。而非理性的消费行为会导致消费者自身利益受损。通过对时尚消费行为的学习，可以使消费者更好地了解自己的需求和偏好，科学地做出个人消费决策；在遇到商家的不良行为时能够用法律武器保障自己的权益，避免被不良商家欺诈和侵犯。

（四）有助于政府制定保护消费者权益的政策

通过研究消费行为，政府可以更好地了解消费者在消费中的权益受损情况。基于这些了解，有助于政府制定更完善和有效的消费者权益保护政策，例如制定消费者保护法规和监管措施，确保消费者在购买商品和服务时受到公平对待。

案例拓展

服装网购“7 天无理由退换货”

近年来网络购物迅速发展，但这种消费方式因为消费者主要通过经营者提供的图片文字、他人的评价等选择商品，不易辨别商品的真实性，使得消费者在购买后因对实物不满而产生的投诉持续增加。针对这种消费者行为的现象，修订后的消费者权益保护法中增加了“7 天无理由退换货”等保障（图 1–2）。政府对消费者权益的保护离不开对消费者行为的深入理解，建立在消费者行为分析基础之上的法律和政策措施，可以更加有效地实现保护消费者权益的目的。

图 1–2　网购 7 天无理由退换货标志

三、时尚消费行为的研究内容

时尚消费行为主要的研究对象是消费者在以服装为主的时尚商品消费过程中产生的心理变化现象及其规律。无论是消费者本身的个性心理还是外部环境的影响，都会对消费者的购买行为产生影响和制约作用。对消费者行为变化规律的把握有助于服装企业更好地开展营销活动，以取得更佳的经济效益。时尚消费行为的研究主要包括以下几方面内容。

（一）服装自身固有属性对消费者购买行为的影响

服装三要素是指色彩、款式、面料。这些要素对消费者的购买行为有着重要的影响，因为它们直接决定了服装的外观、舒适度、质量和价格，服装三要素满足了消费者对服装商品的基本需求。根据人体的生理规律，当人们走进一家服装店铺（图 1-3），在大脑对初次接触的服装刺激中，色彩排第一，约为 65%，即“远看色”，消费者通常根据色彩的喜好来判断服装的接受程度。款式排第二，约占 25%，即“近看款”，消费者通常根据个人喜好、风格、审美选择不同款式。而服装款式不仅仅是表现服装风格与造型的主要手段，也关键性地表达了消费者的着装意愿。当消费者在浏览店铺服装时，大脑会进行一系列的信息整理分析：比如会想象自己穿上服装的样子、具体穿着的时间与场合、与之搭配的装饰品等。通常来说，当服装款式、色彩都比较符合消费者购买意愿的时候，才会进入到消费者对面料、做工的评判过程。消费者通常很在意面料的舒适度和做工的精细度。那些柔软、透气且环保的面料和精细的制作工艺常常能打动消费者。当消费者表现出将服装面料进行揉搓、放置脖子上摩挲感受等行为时，这些都是比较明显的购买信号。

图 1-3 路易威登某店铺

（二）社会经济文化因素对消费者购买行为的影响

经济因素是决定消费者是否产生购买行为的首要因素，也决定着购买服装的档次和种类。收入情况与可支配开支都影响消费，通常情况下较高的收入意味着消费者有更多的可支配收入，可以购买更昂贵的商品和服务。但是有时也会出现收入很高但是可支配收入少的情况。可支配收入是指除去家里必要开支之后还可以支配的资金。年轻人可支配收入花费在衣服与休闲娱乐活动上的占比较高，但随着年龄增长，保险、孩子的教育等开支占比都会上升。除此以外，每个人对接下去一段时间的经济形势判断以及对自己收入的信心也会影响消费行为。比如觉得未来整体经济形势乐观、收入会涨的消费者，会倾向于多花钱，犒劳自己。在新冠肺炎疫情的影响下，很多消费者出现了消费降级心理，他们表示充足的储蓄会给人以安全感，只想节衣缩食存钱。以上因素都对消费者会如何支配自己的收入、买什么档次的服装商品产生直接影响。

人们不是在这个社会中独立的个体，人们与外界有密不可分的关系，所以穿什么服装都无可避免地会受到来自外界的影响，同时也与教育状况、民俗、宗教、法律、社会地位等有关。服装体现了人类的消费观、社会制度形态、精神文化内容，也反映了社会成员普遍的心理。从古到今政治的变化、文化的禁锢或解放、战争、灾难都会影响服装穿着。随着改革开放，社会不断的向前发展，现如今服装的选择更多地是对自我个性的一种无声表达。由此可见，一个社会的开放性与包容度，也会影响消费者的购买行为。

案例拓展

疫情之后不敢花钱消费萎缩，低欲望社会即将来临？①

记者调查发现，今年上半年很多年轻人不再迷恋奢侈品、高

---

① 张明丽 . 疫情放大中国年轻人的贫穷恐惧，不敢花钱消费萎缩，低欲望社会即将来临？[EB/OL].https://mp.weixin.qq.com/s/JdZa4AZm3R1NQyQayX5WyQ.2020-07-18.

消费，他们花钱更精算、实际，减少了盲从消费。也有一部分年轻人开始从广告“忽悠”的冲动消费心理走出来，从个人实际需要出发，更加勤俭节约、理性消费。据《2019—2020 中国青年消费报告》调查显示，在疫情影响之下，年轻人的消费态度正在发生转变——开始趋于理性和有度。

央行公布的 5 月金融统计数据显示，5 月人民币存款增加 2.31 万亿元，同比多增 1.09 万亿元。中国人民大学重阳金融研究院助理研究员陈治衡分析，数据背后反映的是人们的消费预期发生了变化，转向更保险的储蓄，更为了应对不时之需。“手有余粮，心中不慌。”更多人明白了现金储备和理财的重要性，在保障现金流的前提下，合理配置资产，进行性价比最大的投资。投资、消费、出口是拉动经济增长的“三驾马车”，在今年外贸下行的情况下，消费对经济的拉动力将更为明显。超过 4 亿的 90 后及 00 后是消费需求最旺盛的群体。他们的消费心态及行为一定程度上影响着被压抑的内需恢复进度。

（三）消费者购买行为的心理过程和心理状态

消费者购买行为的心理过程和心理状态也是时尚消费行为研究的重要内容之一。对消费者购买行为的心理过程和心理状态的研究可以从消费者意识到自己有需求或欲望开始，到寻找收集相关商品信息，再到评估不同选项的利弊，然后在决策阶段做出最优选择并完成最终购买。在后续的阶段，消费者会对产品或服务进行评价和反馈，作为对未来购买的参考。

在整个消费者购买行为的心理过程中，消费者的心理状态会不断变化和调整。消费者可能会面临不同的选择和决策，也可能会受到不同的影响和干扰，例如个人经验、文化背景、社会环境、营销策略等。因此，了解消费者购买行为的心理过程和心理状态对于销售人员和营销人员制定有效的销售策略和营销策略具有重要的意义。

（四）消费者个性心理因素与时尚消费行为

消费者的个性心理特征决定了消费者自身的心理过程与状态。这些心理特征受到个人的成长环境、需求和欲望、价值观和信念、过去的购买经验、兴趣爱好等影响。了解了这些影响因素下形成的消费者个性心理特征，可以帮助营销人员采取相适应的营销策略，促进时尚消费者的消费行为。

（五）市场营销因素与时尚消费行为

市场营销是指商品生产者和经营者围绕市场销售所从事的产品设计、包装、命名、定价、广告宣传、销售服务等一系列活动。而市场营销的目的是满足需求、激发购买欲以实现商品的最终销售。市场营销活动的效果如何、成功与否，主要取决于对其消费者心理及行为的适应程度。通过对消费者行为进行深入研究，企业可以更好地了解消费者的需求、偏好和心理特征，从而及时调整市场营销策略。

【知识测试】

一、名词解释

1. 消费者

2. 消费行为

3. 时尚消费行为

二、单选题

1. 以下哪个选项不属于研究时尚消费行为的意义？（　　）

A. 有助于服装企业的经营销售决策，增强市场竞争力

B. 有助于提高服装营销人员的销售技巧，设置一些消费陷阱获取利益

C. 有助于服装消费者科学地进行个人消费决策

D. 有助于政府制定保护消费者权益的政策

2. 结合人体的生理规律来看，在初次接触的服装时，大脑接收信息

占第一的是以下哪个服装元素？（ ）

A. 颜色　B. 材质　C. 款式

3. 以下哪个选项属于消费者？（ ）

A. 需求者　B. 购买者　C. 使用者　D. 以上都是

4. 以下哪个选项属于消费行为研究的范畴？（ ）

A. 生产消费　B. 个人消费

C. 个人消费与生产消费　D. 不一定

三、判断题

1. 个体（含家庭）消费者与集团消费者相比，前者在进行购买行为的时候更受主观意识影响。（ ）

2. 经济因素是决定消费者是否产生购买行为的首要因素。（ ）

3. 市场营销活动的效果大小、成功与否，主要取决于对其消费者心理及行为的适应程度。（ ）

4. 生产消费是人类社会最大量、最普遍的经济现象和行为活动。（ ）

课程实训 >>>

服装造型是帮助电影角色形象塑造的重要环节。通过恰当的服装设计，可以突出角色的特点、身份和性格，帮助观众更好地理解角色、享受电影情节。请以小组为单位，选定一部电影，根据剧情所处的年代、社会文化大背景、经济环境等因素，来分析电影主人公的服装特点。内容须包括：1. 电影故事时代背景介绍；2. 电影主要情节介绍；3. 人物性格特点介绍；4. 人物衣着特点及原因分析。

任务二　时尚消费行为研究方法选择

【任务描述】

假设你是某快时尚服装品牌的调研员，希望对消费者进行“××快时尚品牌消费者满意度情况”研究，以获取现阶段消费者对××快时尚品牌的购买和使用体验。请选择两种以上的研究方法进行研究并完成总结报告。

【知识学习】

通过任务一的学习，我们已经知道消费者心理具有内隐性，所以人们无法通过肉眼直接观察到消费者的内心活动状况及心理变化规律，通常需要借助对外部行为的研究展开。目前国内外学者对时尚消费行为的研究方法主要采取以下几种。

一、观察法

观察法是指研究人员在自然情况下，有目的、有计划、系统地观察被研究对象的言行、神态、举止等反应，进而了解其心理活动状况的研究方法。观察法可以直接利用肉眼进行观察，也可以借助现代化的电子设备帮助观察记录。作为心理行为研究中最常用的一种研究方法，观察法具有操作简便、直观真实、成本可控、灵活性高的优点。这种研究方法在对消费者行为的研究上大多是在消费者不知情的情况下进行的。正因为消费者不知情，才可以完全放松、自然地呈现出购买时的状态，有利于研究反馈的准确性。观察法的缺点是其具有一定的被动性、片面性、局限性。例如，观察一个消费者的具体消费行为则需要被动地等待该行为的发生。即使顺利“捕捉”到了设想中可能出现的消费行为，也很难因此准确判断这是偶尔的现象，还是一种规律性的行为表现。

通过观察法可以对以下营销决策提供帮助：购物篮分析，SKU 的优化和商品品类管理；了解消费者对价格和店内各种促销、广告海报的反应，设计更有吸引力的促销活动；品牌或某品类的商品销量降低，分析原因以便进行改进；根据店内消费者特征和购物决策类型，进行营销活动开发。

二、实验法

实验法是指通过科学实验来研究和验证某一理论或假说的方法。它是科学研究中最重要的方法之一，因为它能够提供系统性、可重复性和客观性的数据，从而验证或否定某一理论或假说。消费行为研究中所运用的实验法，主要是指有目的地严格控制或创造一定的条件，人为引起一些心理现象的产生，从而对这种行为与现象之间的关系进行分析。

实验法一般分为实验室实验法和自然实验法。实验室实验法主要借助实验室里的各种仪器进行研究。如眼动仪实验，可以为营销人员提供洞察消费者视觉信息处理和决策过程的重要数据，从而更好地制定产品设计、广告宣传等方面的策略，提高消费者的满意度和购买意愿。为了测试消费者对五款不同裤型裤子的感兴趣程度，研究人员首先找来一些实验者，跟踪分析其视觉中心与眼动轨迹，基于热点图与眼动轨迹分析结果（图 1-4）。通过热点图可以看出，实验者对五款裤子中间那款九分微喇造型裤子的关注度最高。

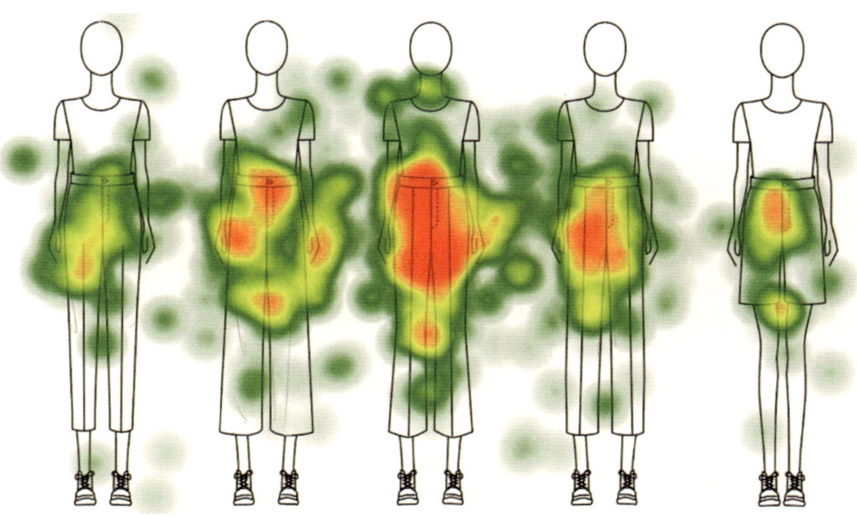

图 1-4 眼动仪热点图

自然实验法是在实际消费活动中，有目的地创造某些条件、情景，给实验者一些感官刺激或是引导，从而观察其行为活动的一种方法。相较实验室实验法，自然实验法更合理、有效，因此常被应用在对时尚消费行为的相关研究。

案例拓展

“购物单”实验

在方便快捷的速溶咖啡进入美国市场的初期，美国的家庭主妇对速溶咖啡并不买账。在被询问其不购买速溶咖啡的原因时，绝大多数家庭主妇的回答是不喜欢速溶咖啡的口味。为了了解这一群体的品位与偏好，厂商进行了一次测试：请主妇们品尝没有带标志的天然咖啡与速溶咖啡，比较哪种咖啡的品质好，结果许多主妇根本分不出两种咖啡的区别。这个测试结果显示了家庭主妇们并非真的不喜欢速溶咖啡的口味。为了弄清楚事实的真相，厂商又做了一个“购物单”实验：假设有两张家庭购物单，每张上面有 8 种商品，其中前 7 种商品完全一样，只是购买的第 8 种商品不一样（其中一位家庭主妇选择购买了天然咖啡，而另一位选择购买了速溶咖啡），请被测试的家庭主妇描绘这两位购买者的形象。结果显示：购买天然咖啡的主妇被测试者描绘成是一位责任感强的贤妻良母，而购买速溶咖啡的主妇则被描绘成缺乏家庭责任感、不会操持家务的懒女人。了解到阻止家庭主妇购买速溶咖啡这一行为的潜意识后，厂商重新设计了广告的主题：购买速溶咖啡的家庭主妇是善于持家的贤妻良母，使用速溶咖啡提高了操持家务的效率，反而使她们腾出更多的时间相夫教子。这一广告改变了速溶咖啡购买者的形象，速溶咖啡很快成为美国市场上的畅销品。

三、访谈法

在时尚消费行为的研究中，访谈法是一种常见的用于采访者对被访者询问问题，来获取所需要了解的消费心理信息的研究方法。依据与被访者接触的不同方式主要可以分为电话访谈法和面对面访谈法两种形式。

电话访谈法是借助电话这一通讯工具与被访者进行谈话的访谈方法。这种方法不受空间限制，具有一定的便利性，也可以避免一些被访者不便接受当面访谈的尴尬。

面对面访谈法是采访者通过直接与被访者进行面对面的交谈，从而深入了解对方的观点、经验、态度和行为的访谈方法。面对面访谈法需要采访者事先准备好访问的重点、提纲，现场对被访者提出问题，由被访者逐一回答问题（表 1-2）。这种方式的访谈法比较考验采访者的临场把控力，同时前期的准备工作充分与否也会直接影响现场访谈的质量高低。

表 1-2　面对面访谈的流程及要点

访谈进行过程	访谈要点
访谈前的准备	1. 了解被访谈对象信息 2. 与被访者充分沟通，确定访谈意向与访谈注意事项 3. 设计访谈提纲，由一般性问题到深入性问题 4. 准备访谈材料：访谈提纲、访谈计划、其他访谈材料
实施访谈	1. 开场：暖场、自我介绍、介绍基本流程、烘托谈话氛围 2. 一般问题访谈：提问、关键信息复述、引导话题 3. 深入问题访谈：提问、倾听、观察与反馈、追问 4. 结束访谈：控制访谈时间、友善总结访谈话题、结束感谢语
访谈记录	1. 记录需提前征得被访者同意 2. 自选记录方式：视频、音频、文字、照片 3. 可同时使用两种以上记录形式 4. 若条件许可可以配置专业技术员
访谈结尾	1. 向被访者致谢，可赠予礼品表达后续可能再度交流 2. 进行资料梳理和访谈记录提取，总结关键信息 3. 对访谈结果进行评价，形成访谈报告

（一）面对面访谈法的优点

1. 直接获得答案，还可以通过观察被访者的表情动作，获得额外信息。

2. 采访者有机会对某项问题做深入讨论，发现和提出更多的问题。

3. 当被访者对问题不够理解时，可当场解释；当回答的内容不够明确时，可当场要求补充，从而获得更多有价值的信息。

4. 富有伸缩性，如发现被访者不符合本条件，可立即终止，精确控制样本。

5. 通过向被访者展示公司产品，可以起到广告宣传作用。

6. 面对面调查也是一种感情投资，使被访者与企业建立感情联系。

（二）面对面访谈法的缺点

1. 被访者可能会为了避免尴尬而掩饰自己真实想法。

2. 对采访者的访谈技巧要求比较高。

3. 当被访对象地区分布面广时，访谈成本高。

总的来说，面对面访谈法可以提供深入的见解，并产生丰富的数据，可以用于各种类型的研究，包括定性研究和定量研究。但是，这种方法需要耗费大量的时间和资源，需要采访者具备良好的交流和观察能力，并且需要谨慎处理访谈数据，以避免主观偏见和误导性结论。

四、问卷法

“问卷”译自法文 questionnaire 一词，其原意是“一种为统计或调查用的问题单”。问卷是研究人员按照一定目的编制的，通过向被测试者发送一份包含一系列问题的调查问卷，来收集他们的观点、态度和行为等信息。在被测试者完成问卷调查后，研究人员对问卷进行回收、数据分析并得出研究结论。

（一）问卷法的步骤

1. 确定研究问题

研究人员需要明确研究目的和问题，以确定调查的重点和方向。

2. 制定调查问卷

研究人员需要设计一份包含一系列问题的调查问卷，这些问题应该清晰明了，有针对性、全面性和可操作性。同时，也需要注意调查问卷的结构、顺序、问题类型、问法和语言等的设计。

3. 确定样本

研究人员需要选择合适的被测试者，他们应该满足研究问题所需的特征，并能够代表目标群体的观点和态度。同时，也需要确定样本规模和抽样方法等。

4. 发放调查问卷

研究人员需要将调查问卷发送给被测试者，并确保调查过程的保密性、匿名性和自愿性。

5. 收集数据

研究者需要收集被测试者的回答和数据，这些数据可以是定量数据或定性数据。

6. 数据分析

研究人员需要将收集到的问卷调查数据进行整理、统计和分析，以获得被测试者的观点、态度、行为等信息。

7. 提出结论

研究人员需要基于数据分析提出研究结论。

问卷法较广泛地被应用在对时尚消费行为的研究上。主要的问卷类型有：邮寄问卷法、入户问卷法、拦截问卷法、电话问卷法、网络问卷法、集体问卷法。随着时代的发展，早期的邮寄问卷、电话问卷，正在被网络问卷的便捷性、快速反应性逐渐替代。

（二）问卷法的类型

问卷的回答设置基本有三种类型，即开放型回答、封闭型回答和混合型回答。

1. 开放型回答

开放型回答是指对问题的回答不提供任何具体答案供参考选择，而由被测试者自由填写。开放型回答的最大优点是灵活性大、适应性强，特别是适合于回答那些答案类型很多、答案比较复杂、事先无法确定各种可能答案的问题。同时，它有利于发挥被测试者的主动性和创造性，使他们能够自由表达意见。一般地说，开放型回答比封闭型回答能提供更多的信息，有时还会发现一些超出预料的、具有启发性的回答。开放型回答的缺点是回答的标准化程度低，导致整理和分析比较困难，会出现许多一般化的、不准确的、无价值的信息。同时，它要求被测试者有较强的文字表达能力，而且要花费较多填写时间。这样就有可能降低问卷的回复率和有效率。

2. 封闭型回答

所谓封闭型回答是指将问题的几种主要答案，甚至所有可能的答案全部列出，然后由被测试者从中选取一种或几种答案作为自己的回答，而不能选择这些答案之外的回答。封闭性回答，一般都要对回答方式作某些指导或说明，这些指导或说明大都附在有关问题的后面。

封闭型回答有许多优点，它的答案是预先设计的、标准化的，它不仅有利于被测试者正确理解和回答问题、节约回答时间、提高问卷的回复率和有效率，而且有利于对回答进行统计和定量研究。封闭型回答还有利于询问一些敏感问题，被测试者对这类问题往往不愿写出自己的看法，但对已有的答案却有可能进行真实的选择。封闭型回答的缺点是设计比较困难，特别是一些比较复杂的问题，很难设计得完整、周全，一旦设计有缺陷，被测试者就无法正确回答问题。另外它的回答方式比较机械，没有弹性，难以适应复杂的情况，难以发挥被测试者的主观能动性。它的填写也比较容易，被测试者可能对自己不懂，甚至根本不了解的问题任意填写，从而降低回答的真实性和可靠性。

3. 混合型回答

所谓混合型回答，是指封闭型回答与开放型回答的结合，它实质上是半封闭、半开放的回答类型。这种回答方式，综合了开放型回答和封闭型回答的优点，同时避免了两者的缺点，具有非常广泛的用途。考虑到被测试者的隐私及回答的准确性，除了一些商业问卷以外，大多会采用匿名回答方式。

总的来说，问卷调研法可以提供大量的数据和信息，可以用于各种类型的研究，包括市场研究、社会调查、心理测量等。但是，这种方法也存在一些缺点，例如存在回答偏差、缺乏深入理解、样本不足、样本选择偏误等问题，需要研究人员认真做好前期准备工作和后期数据处理。

问卷样例

×× 服装品牌卖场试衣间满意度问卷调查

尊敬的小姐 / 先生：

我是 ×× 大学服装学院应届毕业生。本问卷的目的是了解您在品牌服装专卖店购物时对卖场试衣间的一些真实体验感受。**我们将对您的资料严格保密**，资料只供学术研究使用，不会做任何其他用途，请您放心填写！

谢谢您的配合！祝您健康快乐！

1. 您的性别是（　　）。

A. 男　　B. 女

2. 您的年龄（　　）。

A. 18 岁以下　　B. 18 ~ 25 岁　　C. 25 ~ 40 岁

D. 40 ~ 50 岁　　E. 50 岁以上

3. 您的职业（　　）。

A. 学生　　B. 政府机关事业单位

C. 企业人员　　D. 个体经营

E. 自由职业者　　F. 其他

4. 您的学历（　　）。

A. 高中以下（含高中）　　B. 大学

C. 研究生　　D. 博士以上（含博士）

5. 收入状况（　　）。

A. 2000 元以下　　B. 2000 ~ 4000 元

C. 4000 ~ 6000 元　　D. 8000 ~ 10000 元

E. 10000 元以上

6. 您购物时是否会首选品牌服装专卖店?（　　）

A. 会　　B. 不会

为什么? ________________________________

7. 您认为您去商场购买服装时属于哪种类型?（　　）

A. 有目的型　　B. 闲逛型

8. 逛商场的时候卖场陈列设计能激发您对品牌的兴趣吗？（　　）

A. 会的　　B. 不太会　　C. 不会

9. 看见喜欢的服装您会选择拿去试穿吗?（　　）

A. 会

B. 不会（B 选项请继续完成第 10 题）

10. 影响您放弃试穿的原因是（　　）。

A. 人太多

B. 试衣间太拥挤，衣服穿脱不便

C. 不试穿也可以确定自己的穿着效果

D. 其他

11. 一般情况下您在试衣间内试穿的总时间大约花费多久？（　　）

A. 5 分钟以下　　B. 5 ～ 10 分钟

C. 10 ～ 20 分钟　　D. 20 分钟以上

12. 您觉得试衣间的私密性如何？（　　）

A. 很好　　B. 一般　　C. 不好

13. 您认为品牌服装试衣间的风格是否应该与整家店的风格一致？（　　）

A. 是　　B. 不是　　C. 不一定

14. 您认为品牌服装试衣间内的提示语是否重要？（　　）

A. 重要，是品牌文化传达的体现

B. 不重要，反正只是换一下衣服的空间而已

15. 您是否感受到现在的品牌服装商家比较重视对试衣间的设计？（　　）

A. 有强烈感受到　　B. 有感受到

C. 一般　　D. 感受不到

16. 您是否会因为试衣间的设计吸引您而对某服装品牌印象深刻？（　　）

A. 会　　B. 不会

17. 如果逛街看见因设计吸引了您的试衣间，您是否会将其描述给您的朋友？（　　）

A. 会　　B. 不会

18. 一个很棒的试衣间体验会对您有哪些影响？（　　）可多选

A. 试衣的心情变得愉悦

B. 适当延长试衣时间

C. 跟朋友推荐

D. 对该品牌增加好感

E. 下次逛商场有意识的再次光顾体验

F. 拍下照片上传微博等网络媒体

在您接触过的品牌服装中，哪个牌子的试衣间给您营造了美好的试衣体验？（如果可以请简明写下理由）

____

××服装品牌试衣间各要素满意度调查

请在相应选项后面的括号里打“√”做标记。

试衣间	非常满意	满意	一般	不是很满意	非常不满意
灯光					
背景音乐					
色彩					
空间大小					
门（门帘）					
挂钩					
拖鞋					
镜子					
导购员服务					
卫生状况					
气味					

感谢您在百忙之中抽空填写这份问卷，谢谢您的合作！

【知识测试】

一、名词解释

观察法

实验法

访谈法

问卷法

二、单选题

1. 以下哪个选项不属于面对面访谈法的优点？（ ）

A. 直接获得答案，还可以通过观察被访者的表情动作，获得额外信息。

B. 采访者有机会对某项问题做深入讨论，发现和提出更多的问题。

C. 当被访者对问题不够理解时，可当场解释。

D. 当回答的内容不够明确时，可当场要求补充，从而获得许多有价值的信息。

E. 被访者通常感觉放松而不掩饰自己真实想法。

2. 在问卷研究法的回答类型中，“一般都要对回答方式作某些指导或说明，这些指导或说明大都附在有关问题的后面”属于以下哪种类型？（ ）

A. 开放型回答　　B. 混合型回答　　C. 封闭型回答

3. 以下哪个选项不属于实验法的缺点？（ ）

A. 被动性　　B. 片面性　　C. 随机性　　D. 局限性

三、判断题

1. 面对面访谈法的优点之一是当被访者对问题不够理解时，可当场解释。（ ）

2. 实验法一般分为实验室实验法和自然实验法，后者花费成本较高。（ ）

3. 在访谈开始前需要设计访谈提纲，直接从深入性问题展开访谈易产生好的访谈效果。（ ）

4. 在使用访谈法之前需要与被访者充分沟通，确定访谈意向。（ ）

课程实训 >>>

请以小组为单位，撰写一份关于“时尚KOL对消费者行为的影响”调查问卷，并进行现场与网络发放，有效问卷数量不低于50份。对回收数据进行分析，最后完成相应的分析总结报告。

CHAPTER 2

项目二

消费者的认知过程分析

教学目标

【知识目标】

1. 了解什么是感觉以及感觉的规律。
2. 了解知觉的分类以及在营销活动中的具体应用。

【能力目标】

1. 能分析消费者的感觉在营销中的具体应用实例。
2. 能利用消费者的感觉规律，进行营销活动策划。
3. 能利用消费者的知觉特点，进行营销活动策划。

【素质目标】

1. 养成善于动脑、勤于思考、及时发现问题的学习习惯。
2. 养成积极主动的团队合作意识。
3. 培养学生树立品牌强国意识及文化自信。

任务一　消费活动中的感觉分析

【任务描述】

消费者的感觉包括对商品信息的感觉、对价格的感觉、对促销的感觉、进入营业环境后对购物场所的感觉，以及对服务人员、行人等的感觉。请结合感觉的规律提出时尚品牌可以采取的提升消费者体验的具体方案。

【案例引导】

快闪店往往会以夸张、独特的形象出现在人们面前，辅以高端定制的服务带来新颖的购物体验，创造一种消费者与产品之间的互动。让消费者在全方位体验产品、了解品牌文化的过程中不断加深品牌在其心目中的良好印象，激励其重复购买行为。快闪店通常出现在热闹的街区或是人气很旺的商圈，由于其本身有“突然出现、消失”的特点，存在时间很短暂，外加夸张、有设计感的店铺外观设计（图 2-1），很容易刺激消费者的知觉、吸引消费者的注意，进而为同质化现象很严重的商场带来更多人气。本章节我们就要围绕消费者的认知展开学习。

图 2-1 蒂凡尼首饰盒造型快闪店

【知识学习】

现如今人们生活在一个信息大爆炸的时代，一个感觉刺激泛滥的世界：电台里当红歌手的新歌、电视里播放的最新广告、新出的奶茶口味、最近的社会新闻……每时每刻人们都被各种纷繁的信息包围。而这些信息中有些是人们不得不被动接受的，有的则是人们自己有目的地去搜寻出来的。面对这些“刺激”，人们会有意无意地做出各种选择。每个人都有自己的需求、欲望、价值观、生活经历，人们总是倾向于结合自己的经历选取那些和自己经验相符的“刺激”。所以作为时尚品牌方，一定要深刻理解消费者的认知规律，以便确定影响消费者购买行为的主要因素并策划相应的营销方案。

消费活动中的感觉

（一）感觉

感觉，是人脑对当前直接作用于感觉器官（眼、耳、鼻、舌、皮肤）的客观事物的个别属性（颜色、形状、大小、软硬等）的反映。人们对于事物的认识都是从感觉开启的，感觉是对客观世界的主观映像。在所有感觉中肤觉最为复杂，包含了温觉、冷觉、触觉以及痛觉。而服装类商品都是通过消费者的感觉来完成认识的，如造型是否美观、面料是否舒适、气味是否刺鼻等。感觉是一切高级复杂心理现象的基础，通常被分为外部感觉和内部感觉。其中外部感觉包括了视觉、听觉、味觉、嗅觉、肤觉。其中，视觉和听觉对人的认知作用最大，广告作为被广泛应用的服装营销手段通常利用此二觉。感觉中的内部感觉包含了动觉、平衡觉、内脏觉。本项目中的研究范畴主要聚焦人们的外部感觉。

（二）感觉的规律

1. 感受性和感觉阈限

感受性是指感觉器官对刺激物的感受能力。人们的感觉只有在一定刺激强度范围内才能产生各种反应，而能引起感觉持续一定时间的刺激量成了感受阈限。通常来说，阈限值越低，感受性越高；阈限值越高，感受性越低，两者为反比关系。结合到时尚营销上可以带给人们的启示，即当新品上市、打折促销（图 2-2）这类商家希望消费者感知到的活动，应该想尽办法将信息传递给消费者，让消费者充分感知到信息。例如用视觉冲击力大的色彩或夸张的造型来加大感官刺激。对于商品的涨价等商家通常不希望被消费者重点关注的信息，可以通过减少配件，改变包装设计等方式使之不易被察觉，弱化对消费者的感官刺激。

图 2-2 橱窗打折信息

2. 感觉的适应性

由于刺激物对感受器的持续作用从而使感受性发生变化的现象，叫做感觉的适应性。感觉的适应性是一种心理机制，它与人们的情绪调节能力、自我意识、情感表达和社会适应能力等方面有关。比较典型的例子是“入芝兰之室，久而不闻其香”。体现在商业上具体可表现为对于铺天盖地的广告，消费者的适应性也越来越强，从而对商品失去兴趣。所以商家需要推陈出新，刺激消费者求新求异的欲望，从而发展为实际的购买行为。另一方面，人们总是喜欢购买新衣服也源自感觉的适应性，当适应了旧衣服的穿着体验，只有极少数的服装消费者会因为习惯或者收入水平等一些原因而不去购买新衣服。同理，快时尚品牌即是迎合了消费者这一感觉特点，通过高频次的上新不断给人以新鲜感。

3. 感觉的对比性

感觉的对比性是指同一感受器接受不同的刺激而使感受性发生变化的现象。如图 2-3 中左右两个三角形中间都是一样大小的黄色圆形图案，但由于外部三角形的颜色不同而产生了不同的对比效果。

图 2-3　同一颜色的圆圈在不同参照物中的对比

在卖场的服装陈列中，亮中取暗、淡中有浓、静中有动等手法也是借助于感觉的对比性来增强消费者的注意力。如图 2-4 中，黑色系服饰陈列在白色的背景墙前，并借助氛围灯光的衬托，增强了感觉的对比，达到了突出服装商品本身细节设计的展示目的。

图 2-4　黑色系服装陈列

4. 联觉现象

联觉是一种感官交叉的现象，是指一个感官刺激会引起另一个感官的感觉体验，这种现象是人类感觉系统中的一种交叉效应，通常发生在大脑皮层区域。例如，人们耳朵听到音乐可能会引起颜色、形状、味道等其他感官的感觉体验。成语“望梅止渴”就是典型的从视觉到味觉的联觉现象。应用到服装商品上，由于人们看到红、橙、黄等暖色引起身体温暖的感觉，而青、蓝、紫等冷色引起身体寒冷的感觉，所以在炎热的夏天人们倾向于穿那些能让人产生凉爽肤感的颜色。这种交叉感觉的体验通常是自发的，也就是说人们并不是有意识地去产生这种体验的。

【知识测试】

一、名词解释

1. 感受性与感觉阈限
2. 感觉的适应性
3. 感觉的对比性
4. 联觉现象

二、单选题

1. 对人的认识作用最大的外部感觉是哪两个？（　　）

A. 视觉与听觉　　B. 视觉与味觉

C. 视觉与肤觉　　D. 肤觉与听觉

2. 感受性与感觉阈限的关系？（　　）

A. 两者成正比　　B. 两者成反比

C. 两者没有关系　　D. 两者不一定成比例

3. “入芝兰之室，久而不闻其香”说明了感觉的哪个规律？（　　）

A. 感觉的阈限　　B. 感觉的对比性

C. 感觉的适应性　　D. 联觉现象

三、判断题

1. 感觉是人脑直接作用于感受器官的客观事物的整体反映。（　　）

2. 通常来说，阈限值越低，感受性越高；阈限值越高，感受性越低。（　　）

3. 快时尚品牌通过高频次的上新不断给人以新鲜感，这迎合了消费者感觉的适应性特点。（　　）

课程实训 >>>

通过学习我们知道感觉是一切高级复杂心理现象的基础，消费者对服装商品的认知是通过感觉来完成的。请结合感觉规律中的“感觉的阈限”，收集服装品牌如何利用这一规律来提升消费者体验、促进销售的相关案例。

任务二　消费活动中的知觉分析

【任务描述】

知觉是在感觉的基础上把所有感觉到的信息加以综合整理，从而形成对事物的完整印象。请结合知觉的四个规律提出时尚品牌可以采取提升消费者体验的具体方案。

【知识学习】

消费活动中的知觉

（一）知觉的概念

知觉是人脑对直接作用于感觉器官的客观事物的整体反映。知觉是在感觉的基础上把所有感觉到的信息加以综合整理，从而形成对事物的完整印象。例如一个事物，人们通过视觉器官感觉到它是具有圆圆的形状、红红的颜色，通过嗅觉器官感觉到它特有的芳香气味，通过手的触摸感觉到它硬中带软，通过口腔品尝到它的酸甜味道，于是人们把这个事物反映成苹果，这就是知觉。又例如当人们看见一件服装的时候，不同的感受器官收集到的信息（面料、色彩、质地、价格、做工、品牌信息等）形成了一个完整的印象，即知觉。另外需要特别注意的是知觉受主观因素和客观事物的特征两者共同影响。

（二）知觉的分类

根据知觉的不同对象，常见的知觉类型可分为空间知觉、运动知觉以及时间知觉。空间知觉是人脑对客观事物空间属性的反映，如形状知觉、大小知觉、方位知觉。时间知觉是人对客观事物的延续性和顺序性的反映，即对事物运动过程先后和长短的知觉。自然界的周期性现象，如太阳起落、月亮圆缺、四季变化都会成为人们时间知觉的参照系。人类周期性的变化也可以作为时间知觉的参照物。运动知觉是人对物体在空间位移和移动速度的知觉。人想要产生运动知觉，必须先确定参照物。

头脑风暴

不同的心情、环境会造成不一样的时间知觉，通常什么情况下人们会觉得时间飞逝，什么时候人们会觉得时间很慢？请思考商家如何利用时间知觉原理让消费者更容易接受较长时间的等待。

根据知觉内容是否符合客观现实可以分类为正确的知觉与错觉。正确的知觉是指对人或客观事物正确的知觉。而错觉则是指对人或客观事物不正确的知觉。在人们的日常生活中经常有各种错觉产生的情形。例如服装试衣间内的镜子，通过巧妙的设计和角度选择，可以营造出一种视觉错觉，使镜子里的人看起来更加苗条，从而增加购买的意愿。又比如在我国早期，由于部分消费者的“崇洋心理”，不少国内服装品牌在品牌发展之初倾向于为品牌取一个外国名称，让消费者产生该品牌来自国外的错觉，进而在一定程度上影响消费者的购买行为。

案例拓展

思政融入

国货自信了，九牧王不再使用英文标识（Logo）[①]

中国知名男装品牌九牧王集团董事长林聪颖日前在2020中国服装协会裤业专业委员会年会上表示，九牧王原英文标识"JOEONE"将会被替换为中文"九牧王"，未来九牧王将不再使用英文标识。目前九牧王官网已经将标识改为中文。林聪颖认为，"眼下，中国消费者更热爱国民品牌，对国潮、国货、民族品牌有强烈的文化自信，践行品牌强国梦势在必行。"

英文Logo曾是第一批现代服饰品牌的典型特征。细数玛丝菲尔（Marisfrolg）、拉夏贝尔（La Chapelle）、欧时力（Ochirly）、太平鸟（PEACEBIRD）、美特斯·邦威（Meters/bonwe）、江南布衣（JNBY）等中国服饰品牌，都选择了英文标识，在近三十年的时间内将此视为现代化和国际化的标志。不过，随着市场的变化，情况已经在近三年内发生了变化。第一财经商业数据中心CBNData 2017年发布的报告就显示，随着消费不断升级，国货高端产品正在强势崛起，在服装、家居等生活相关的多个消费领域，国货占到半数以上市场。山东、福建等沿海地区对进口产品的消费增加，北京与江浙沪等传统一线城市及发达地区的增幅却有限。这说明，更接近消费升级的发达地区消费者的注意力正在转向中国品牌。

细分到服饰领域，国内90后、00后的年轻消费者对Zara、H&M等国际快时尚品牌的兴趣在逐渐减退，反而更钟情于国内服饰品牌。如果说90后之前的消费者认知还是外国品牌优于国货，那么如今90后、00后则认为国货是民族自豪和酷的代表。从小就开始接收国际品牌相关信息的90后、00后，对国际品牌司空见惯，购买国际品牌是其能力范围内的事情，不复当年父母辈对国际品牌的新鲜感。

---

① Drizzie. 国货自信了，九牧王不再使用英文Logo[EB/OL].https://mp.weixin.qq.com/s/MKo_JG8EetdIzAItQ8X_TA.2020-12-28.

（三）知觉的规律

1. 知觉的选择性

知觉的选择性是指在感知外界事物时，人们选择性地关注某些特定的信息而忽略其他的信息。人们的感官系统随时随地接收到大量的外界刺激，但最终只有其中的一小部分能被真正注意到。这是因为人类的大脑需要对这些信息进行筛选和处理，以便进行有效地决策和行动。当人们选择环境中的一部分事物作为注意的对象时，其余事物则自动变成了背景。如图 2-5 中，当人们将黑色部分作为背景时，感知到的是一个棋子，反之则感知到两张面对面的脸孔。通常情况下，注意的对象和背景之间是可以互相转换的。又比如每天显示在消费者眼前的广告信息高达 1500 多项，但能被感知的广告仅仅只有约 75 项，而实际产生效果的更是仅有 12 项。这是因为人们总是按照某种需求、目的，主动地、有意识地选择少数事物作为知觉的对象。反映到服装消费中，知觉的选择性体现在它能使人们的注意力集中指向感兴趣或者需要的服装产品上，而与需求无关的事物会自动沦为背景。

图 2-5　知觉的选择性

2. 知觉的整体性

当直接作用于感官的刺激不完备的情况下，人们会根据自己以往的知识经验对刺激进行加工处理，这种使知觉仍然保持完备的特性，被称为知觉的整体性。如图 2-6 中，虽然展现在人们眼前的三角形并非一个完整的三角形，但知觉的整体性让人们会借助以往的知识经验，自动识别出中间的图形是一个三角形。体现在服装商品上，消费者总是把商品的商标、价格、质量、款式、包装等联系起来形成一个整体的印象。如果印象中这个服装品牌面料好、款式新、做工精，那当消费者再次光顾这个品牌时，即使没有仔细看衣服的做工，也会觉得这件衣服就是做工精良的。

图 2-6　知觉的整体性

3. 知觉的理解性

人们根据自己以往的经验，对感知的事物进行加工处理，用词语加以概括，赋予它特定的含义，这一特性称为知觉的理解性。理解性可以加速人的知觉过程，节约感知时间，也会使知觉印象更加准确。如图 2-7 中，当同一个字符在不同的背景中排列时，人们利用知觉的理解性可以感知其不同的意义。

消费者在进行消费行为时，如果前期对商品已经有了一定的了解或使用经历，就更容易知觉到丰富的商品信息。反之消费者能够知觉到的信息则会更有限。

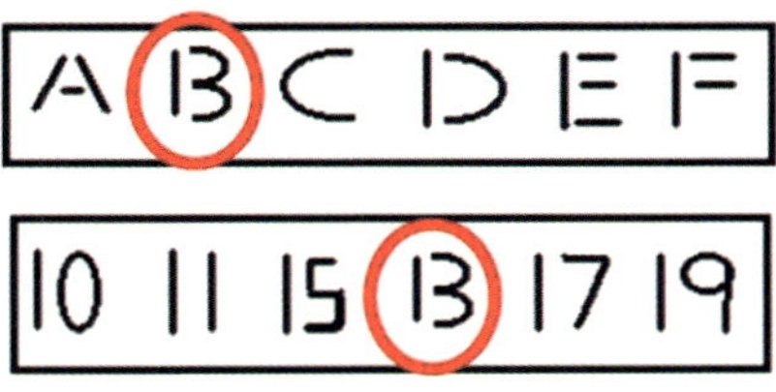

图 2-7　知觉的理解性

4. 知觉的恒常性

当知觉的对象在一定范围内变化的时候，知觉的印象仍然保持相对不变，知觉的这种特性就叫作知觉的恒常性。比如服装品牌的商标，会出现在服装商品的包装袋、电视广告、宣传物品上，每一个标志都可能会在形状大小上有一定程度的变化，以避免商业设计中的单调与呆板，但是人们仍会把它们看作是同一品牌形象。

【知识测试】

一、名词解释

1. 知觉

2. 知觉的选择性

3. 知觉的整体性

4. 知觉的理解性

5. 知觉的恒常性

二、单选题

1. 根据知觉的不同对象，常见的知觉类型可分为哪些知觉？（　　）

A. 空间知觉　　B. 运动知觉

C. 时间知觉　　D. 以上全是

2. “人们的感官系统随时随地接收到大量的外界刺激，但最终只有其中的一小部分能被真正注意到。”这句话反映了知觉的什么特性？（　　）

A. 知觉的选择性　　B. 知觉的整体性

C. 知觉的理解性　　D. 知觉的恒常性

3. “人们的注意力总是集中指向感兴趣或者需要的服装产品上，而与需求无关的事物会自动沦为背景。”这句话反映了知觉的什么特性？（　　）

A. 知觉的选择性　　B. 知觉的整体性

C. 知觉的理解性　　D. 知觉的恒常性

三、判断题

1. 根据知觉内容是否符合客观现实，可以将知觉分为正确的知觉与

错觉。（　　）

2. 服装试衣间内的镜子通过巧妙的设计和角度选择，可以营造出一种视觉错觉，使镜子里的人看起来更加苗条，从而增加购买的意愿。

（　　）

3. 当知觉的对象在一定范围内变化的时候，知觉的印象仍然保持相对不变，知觉的这种特性就叫做知觉的恒常性。（　　）

课程实训 >>>

××商场时尚消费行为调研

1. 对所调研的商场总体情况进行全面的图文介绍（包括商场内外部装修、具体位置、交通方式、设施配备等）。

2. 以图片、文字、视频等形式对所调研的商场进行影响消费者购买行为的环境因素（音乐、灯光、拥挤度、设施等）收集。再运用感觉、知觉相关知识进行分析，最终总结出该商场影响时尚消费行为的有利因素和不利因素。

3. 分享此次调研体验感悟。

CHAPTER 3

项目三

消费者的需要和购买动机分析

教学目标

【知识目标】

1. 了解消费者需要和购买动机的含义。
2. 了解消费者需要的特征。
3. 了解消费者购买动机的特点。

【技能目标】

1. 能对消费者的需要进行分类。
2. 能结合马斯洛需求层次理论对消费者的需要进行分层。
3. 能通过消费行为研究获取消费者的隐性动机。

【素质目标】

1. 培养学生细心观察、发现问题、解决问题的综合能力。
2. 培养学生的创新思维和与时俱进的研究探索精神。
3. 培养学生遵守职业道德，具有良好的职业素养。

任务一　消费者的需要分析

【任务描述】

对现阶段在校大学生的服装消费需要进行调研分析，提炼出服装消费者需要的特征。

头脑风暴

假设同学们去逛街，路过一家专卖孕妇防辐射服的店铺，热情的导购非常努力地向你推荐店里热卖的某款孕妇防辐射服，请问你们会买吗？为什么？

【知识学习】

为什么要买衣服？为什么要买这个快时尚品牌而非其他品牌？为什么选择在电商平台购买而不选择在线下实体店购买？对于以上几个问题，相信每个人都可以给出自己的充分理由。比如快时尚品牌款式更时髦且便宜、电商平台买衣服更方便等。但是无论出于哪种原因，消费者进行消费行为的最终目的就是为了满足某种需要，而需要即是消费者行为的初始动力。

一、消费者需要的含义

需要是指有机体内部的一种缺乏或不平衡状态。换句话说，就是人对某种目标的渴望与欲望。当天气变冷了，人们需要御寒的服装；当天气变热了，人们又需要使体感温度降低的凉爽衣物；当人们要参加某些社交活动时，也需要穿着一些符合特定要求的服装。这些需要都是从事消费活动的内在原因，而需要的不断产生是消费者不断进行购买行为的根本动力。

二、消费者需要的分类

（一）按照需要产生的原因分类

1. 生理需要

生理需要是指人们为了维持生存发展所必需的对客观事物的需要。如对食物、睡眠、住宿、交通等的需要。这些生理需要是人类最基本、最迫切的需要，而且在层次上处于最底层。通常当这些需要得到满足时，人们才能够更好地进一步追求更高层次的需要。

2. 社会需要

社会需要是指人们在社会交往中所追求的需要。社会需要在人类需求层次中位于较高的层次，更加强调与他人的互动和社会联系。服装商品经常会成为消费者用来满足社会需要的道具，例如借助高档、优质的服装来获得他人对自己身份、地位、财富的认可。

（二）按照需要的对象分类

1. 物质需要

物质需要是指人们为了生存对物质产品的需要，例如食物、水、住房和衣物。同时，消费者还有其他的物质需要，如交通工具、家用电器、电子产品等，这些产品和服务可以提高他们的生活质量和便利性。消费者的物质需要随着社会的向前发展而不断更新发展。

2. 精神需要

精神需要是指人们在心理层面上的需要，与内心的平衡、满足和成长有关。这些需要与物质需要不同，不能简单地通过一些物品来获得满足，更多地是对精神生活的需要，多由后天形成。满足精神需要对于个人的心理健康和幸福感至关重要。当人们的精神需要得到满足时，通常更容易建立积极的心态、更好地应对生活中的挑战。

三、消费者需要的特征

消费者的需要与消费者的行为之间并不是一一对应的关系，一种需要可能产生多种消费行为；同一种消费行为也可能来源于多种不同的需要。消费者的需要具有以下特征。

（一）需要的多样性

需要的多样性是指不同个体或群体在需要方面存在着广泛的多样性，这也是需要的最基本特征。由于每个人都有独特的背景、文化、经历和价值观，这些因素会影响每个人的需要，导致不同的人在满足需要的内容、层次、强度、数量上存在着各种差异。服装消费者需要的多样性体现在人们的审美逐渐个性化，这也决定了服装商品的多样性，单靠一个款式造成火爆的时代早已一去不返。

（二）需要的层次性

美国心理学家亚伯拉罕·马斯洛（Abraham Maslow）在 20 世纪 40 年代至 50 年代提出了马斯洛需求层次理论（图 3-1）。该理论描述了人类需要的层次结构，并认为这些需要按照一定的层次和顺序逐渐出现和满足。马斯洛将这些需要分为五个层次，从最基本的生理需要开始，依次是安全需要、社交需要、尊重需要，直至达到自我实现的需要。

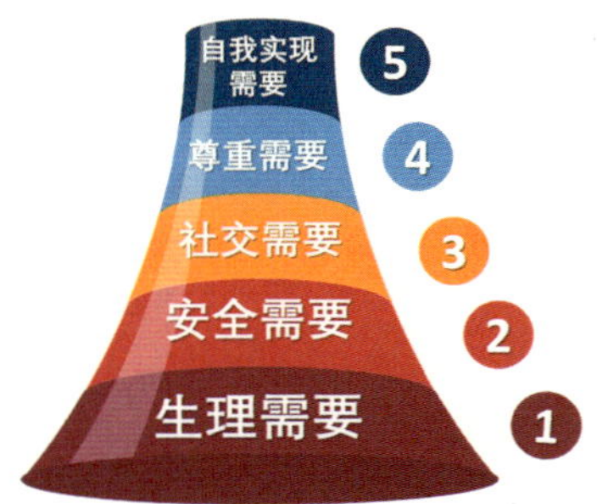

图 3-1　马斯洛需求层次理论“需要的五个层次”

1. 生理需要

这是人类最基本的需要，包括对食物、水、空气、睡眠、庇护等的需要，是维持生存的基本需要，一般来说这些需要没有得到满足，其他层次的需要将难以很好地实现。服装商品在广告宣传中强调的保暖、舒适、透气等产品性能都是基于满足消费者的生理需要。

2. 安全需要

在生理需要得到满足后，人们有追求安全和稳定的需要。这包括对个人安全、身体健康、经济稳定、住房安全、工作安全等的需要。只有在感觉安全的基础上，人们才能进一步追求更高层次的需要。一些主打功能性的服装商品常常突出满足安全需要的设计特点，例如夏季隔离紫外线的防晒服（图 3-2）、带有夜间荧光条的环卫工人工作服等。

图 3-2　某品牌防晒服

3. 社交需要

社交需要也被称为归属与爱的需要，是指人们追求社交关系和归属感的需要。这包括与他人建立友谊、爱情关系、家庭关系以及融入社会群体的需要。情侣装、亲子装（图 3-3）就是很典型的满足社交需要的服装商品。

图 3-3　亲子装

4. 尊重需要

在满足了生理、安全和社交需要后，人们开始追求被尊重、被认可和成就感的需要。奢侈品牌服装就是满足了人们被尊重的需要。

5. 自我实现需要

这是马斯洛需求层次理论的最高层次，指个体追求达到自己潜在能力的最高水平，实现个人目标和抱负的需要。这个层次的需要是追求个体的自我成长、个性发展和创造力的需要。根据马斯洛的论述，只有极少数个体能够完成“自我实现”的体验。耐克的经典广告语“JUST DO IT”就是鼓励人们勇于追求自我，实现最终梦想。

马斯洛需求层次理论认为，当低层次的需要得到满足时，人们的注意力和动机会转向更高层次的需要，直至达到自我实现的最高层次。这一理论对于理解个体的动机和行为具有重要的指导意义。有助于企业做好市场预测，根据消费者的不同层次需要开展营销活动。

（三）需要的发展性

需要的发展性主要体现在消费者的需要是随着时代的进步而发展变化的，也和生产力水平、宏观经济政策、个人收入息息相关，消费者的需要不断地由低级到高级、物质到精神，由对数量的满足转为对高质量的追求。

案例拓展

快时尚正在失去年轻人市场[①]

目前，全球消费者每年会购买 800 亿件新服装，消费总额达 1.2 万亿美元。据麦肯锡最新报告，超过一半的快时尚服饰在不到一年的时间内就会被抛弃。与此同时，90 后、00 后等新生代成为服饰主力消费人群，从小物质充足的他们不再满足于以低价买到批量生产的衣服，而是希望能够源源不断地获得独特的体验和创新的产品。

据时尚机构 Thredup 发布的最新报告，有 25% 的女性消费者表示将不再购买快时尚服饰，其中大部分为年轻消费者。在 Thredup 调查的 1000 多名女性中，有 58%的人认为今年应该减少浪费，另有 42%的人表示他们将通过购买二手商品来减少浪费。报告还显示，有 40%的受访千禧一代表示会停止购买快时尚品牌产品，年龄在 18 岁至 21 岁的 Z 世代受访者中有 54%决定购买质量更高的产品。有分析师认为，虽然 Thredup 所采集的样本数量并不算大，但该报告结果依然具有一定的参考价值，至少可以确定部分年轻消费者的时尚观念的确在发生微妙改变。

---

① 周惠宁 . 快时尚正在失去年轻人市场 [EB/OL].https://mp.weixin.qq.com/s/WXxyGV2bIyEI0zuWIEQYAQ.2019-01-10.

（四）需要的伸缩性

受到个人因素或外界如支付能力、价格、商品供给等因素的影响，消费者的需要在层次、强度等方面是可以伸缩变化的。通常来说，消费者对于基本生活用品的需要伸缩性很小，但是对于如奢侈品等非必需品的伸缩性很大。

（五）需要的可诱导性

消费者的需要可以通过引导形成，也可以因外界的干扰而削弱。消费者需要的可诱导性，为企业提供了巨大的市场机会。企业可以通过各种方式来影响和激发人们对特定产品、服务或体验的需要，从而促使他们采取相应的行动。例如人们近期并没有打算购买服装商品，但是受到广告宣传、商品陈列、店员推荐等方面的诱导，由不准备买或不愿意买，演变为现实的购买行为。

（六）需要的互补性和可替代性

需要的互补性是指两种或多种需要之间存在相互支持和促进的关系，满足其中一种需要会增强满足其他需要的可能性，比如当消费者购买了一件本季新款 T 恤，导购人员可以为他推荐一款相应的裤子来做搭配，T 恤与裤子之间就是互补关系。与之相对的需要的可替代性是指两种或多种需要之间存在相互替代的关系，满足一种需要可以取代对另一种需要的追求。比如长裙的流行会影响同一时期短裙的销量。需要的互补性和可替代性要求服装企业要有计划地生产对路的服装商品组合。

【知识测试】

一、单选题

1. 按照需要产生的原因分类，需要可以分为（　　）。

A. 生理需要和社会需要

B. 生理需要和精神需要

C. 物质需要和精神需要

2. 耐克的经典广告语“JUST DO IT”，反映的是满足消费者的哪一层需要？（ ）

A. 生理需要　　B. 安全需要

C. 社交需要　　D. 尊重需要

F. 自我实现需要

3. 情侣装、亲子装是很典型的满足以下哪种需要的服装商品？（ ）

A. 生理需要　　B. 安全需要

C. 社交需要　　D. 尊重需要

F. 自我实现需要

4. 服装商品在广告宣传中强调的保暖、舒适、透气等产品性能都是基于满足消费者的以下哪种需要？（ ）

A. 生理需要　　B. 安全需要

C. 社交需要　　D. 尊重需要

F. 自我实现需要

二、判断题

1. 根据马斯洛的论述，只有极少数个体能够完成“自我实现”的体验。（ ）

2. 马斯洛需求层次理论认为，当低层次需要得到满足时，人们的注意力和动机会转向更高层次的需要，直至达到自我实现的最高层次。（ ）

3. 通常来说，消费者对于基本生活用品的需要伸缩性很小，但是对于如奢侈品等非必需品的伸缩性很大。（ ）

4. 需要是指有机体内部的一种缺乏或不平衡状态。（ ）

课程实训 >>>

马斯洛的需求层次理论是一种心理学理论，描述了人类需要的层次结构，从基本的生理需要到更高级的自我实现需要。请结合该理论来解释不同的消费者对于服装品牌的偏好和选择。

任务二　消费者的购买动机分析

【任务描述】

请运用时尚消费行为研究的四种方法，分析当下消费者进行服装消费的具体动机有哪些，并针对这些动机策划相对的企业营销方案。

【知识学习】

了解消费动机对于企业进行市场营销活动具有非常重要的指导意义。企业可以通过深入了解消费者的动机，来定位产品和服务，制定更有针对性的市场策略，满足消费者的需要，从而提高市场竞争力。

一、消费者购买动机的含义

购买动机是直接驱使消费者实行某种购买活动的一种内部动力，反映了消费者在心理、精神和感情上的需要，实质上是消费者为达到需要采取购买行为的推动者。

二、消费者购买动机的特点

（一）动机的内隐性

动机是深藏于人的内心之中的心理活动，是潜意识的欲望或动力，通常只能根据外显行为来进行推断。

（二）动机的多重性

动机的多重性是指动机和购买行为之间除了主导动机之外还有其他动机。在实际的消费行为中，消费者在进行购买决策时往往会受到多种动机的影响。例如消费者购买某款连衣裙是被它的款式设计以及低廉的价格吸引，兼具了求美动机和求廉动机。

（三）动机的复杂性

不同消费者购买同一产品的动机是千差万别的，同一消费者购买某一产品也可能是出于多种动机。

（四）动机的可诱性

思政融入

动机的可诱性是指企业可通过广告、促销等营销手段，引起消费者购买动机的强化，使原本没有打算购买的消费者产生购买倾向。消费者购买动机的可诱性为企业扩大商品销售提供了可能。但是这里需要注意的是，营销人员在对消费者进行消费动机诱导时，必须遵守职业道德，采取科学的诱导方式。

三、消费者的动机分类

（一）根据具体购买动机分类

消费者的兴趣、爱好、生活背景、经济情况各不相同，呈现出多方面的需要，因而也激发了各种各样的购买动机。

1. 感情动机

①求新动机

求新动机是指消费者以追求时尚、新奇为主导倾向的购买动机。在这种动机的支配下，消费者喜欢选择时尚、流行且引领潮流的产品或服务，体现在服装消费上即注重款式、颜色的流行性及新颖性，并且不太关注价格。

②求名动机

求名动机是指消费者通过购买有知名度的商品来显示自己的身份、地位而形成的购买动机。在这种动机的支配下，服装消费者喜欢追求名牌，舍得花钱，不太注重商品的使用价值。

③求美动机

求美动机是指消费者以商品的艺术审美价值为主导倾向的购买动机。在这种动机的支配下，消费者喜欢选择具有造型、色彩美感的产品，体现在服装消费上即注重服装的造型、色彩及包装的艺术美感，不太注重商品的实用价值。消费者的这种求美动机在对服装类商品的购买上较为突出。

④求异动机

求异动机是指消费者以追求商品与众不同、独特或不同寻常为主导的购买动机。在这种动机的支配下，消费者倾向于选择能彰显自我个性的商品。体现在服装消费上即注重服装流行性与独特性的结合，不愿购买那些所谓的“爆款”商品。

2. 理智动机

①求实动机

求实动机是指消费者以追求商品的实际使用价值为主导的购买动机。在这种动机的支配下，消费者在购买商品时特别注重商品的实际效用与功能质量，并不太在意商品的外观造型设计或者品牌的知名度等。体现在服装消费上即注重价格与款式、质量之间关系。

②求廉动机

求廉动机是指消费者以追求廉价、节约成本或优惠折扣为主导的购买动机。在这种动机的支配下，消费者在购买商品时特别注重商品的价格是否低廉，对价格的变动非常敏感。体现在服装消费上即喜欢选购有价格折扣的商品。

3. 惠顾动机

①求信动机

求信动机是指消费者以追求品牌信誉为主导倾向的购买动机。在这种动机的支配下，消费者喜欢选择一直保持优秀信誉的品牌产品或服务，体现在服装消费上即重复性、习惯性地购买高信誉的品牌商品。

②偏爱动机

思政融入

偏爱动机是指消费者以满足个人特殊偏好为主导的购买动机。在这种动机的支配下，消费者会反复购买那些自己偏好的商品。例如近年来，“汉服热”传递着年轻人对中华传统文化的强烈认同感，承载着国人的文化自信。越来越多的年轻消费者经常购买汉服日常穿着。这种偏爱性消费行为一般稳定且集中，具有连续性的特点。

（二）根据动机存在的形式分类

1. 隐性动机

隐性动机是指消费者在内心深处、不容易被察觉或者不愿意承认的动机。例如一位购买了昂贵奢侈品背包的消费者，她的消费动机可能是希望获得他人的羡慕和认可，这里的羡慕和认可就是隐性动机，因为消费者可能并不会直接意识到这个动机又或者是意识到了也不愿意承认该动机。

2. 显性动机

显性动机是指消费者明确意识到的、也愿意承认的动机。这些动机是消费者在做出决策时可以直接识别和表达的，往往是明显且容易被觉察的动机。例如换季时，消费者完成了羽绒服的购买行为，这里消费者可以明确地意识到自己是为了保暖这一生理需要而激发了购买动机。

显性动机和隐性动机在影响消费者的消费行为和决策时都起到重要作用。显性动机往往是消费者在做出决策时直接考虑的因素，而隐性动机则可能在不自觉中影响了消费者的行为。了解隐性动机对于市场营销和消费者行为研究来说非常重要，因为隐性动机通常能够更好地解释个体的行为和选择背后的真实原因。

【知识测试】

一、单选题

1. “消费者购买某款连衣裙是被它的款式设计以及低廉的价格吸引，

兼具了求美动机和求廉动机。”这段描述反映了以下哪个动机的特点？（　　）

A. 动机的内隐性　　B. 动机的复杂性

C. 动机的多重性　　D. 动机的可诱性

2. “企业可通过广告、促销等营销手段，引起消费者购买动机的强化，使原本没有打算购买的消费者产生购买倾向。”这段描述反映了以下哪个动机的特点？（　　）

A. 动机的内隐性　　B. 动机的复杂性

C. 动机的多重性　　D. 动机的可诱性

3. 在以下哪种动机的支配下，消费者倾向于选择能彰显自我个性的商品？（　　）

A. 求美动机　　B. 求异动机

C. 求实动机　　D. 求廉动机

4. 在以下哪种动机的支配下，消费者注重服装的造型、色彩及包装的艺术美感，不太注重商品的实用价值？（　　）

A. 求美动机　　B. 求异动机

C. 求实动机　　D. 求廉动机

二、判断题

1. 不同消费者购买同一产品的动机是千差万别的，同一消费者购买某一产品也可能是出于多种动机。（　　）

2. 隐性动机是指消费者在内心深处、不容易被察觉或者不愿意承认的动机。（　　）

3. 求实动机是指消费者通过购买有知名度的商品来显示自己的身份、地位而形成的购买动机。（　　）

4. 求信动机是指消费者以追求品牌信誉为主导倾向的购买动机。（　　）

5. 显性动机相比隐性动机，在影响消费者的消费行为和决策时都起到更为重要的作用。（　　）

课程实训 >>>

1. 以自己为研究对象，结合消费者动机的特点，尝试对自己的某一次时尚消费行为中的动机做分析。

2. 以小组为单位，请结合前期学习的消费者行为研究方法，尝试获取“年轻消费者购买奢侈品”的隐性心理动机有哪些。

CHAPTER 4

项目四

影响时尚消费行为的生理与心理因素分析

教学目标

【知识目标】

1. 了解影响时尚消费行为的生理、心理因素。
2. 了解消费者的气质类型及在时尚消费行为中的表现。

【能力目标】

1. 会分析消费者的具体生理需要、特征对消费行为产生的影响。
2. 能针对不同生理情况的消费者制定不同的营销策略。
3. 能针对不同气质的消费者制定不同的营销策略。

【素质目标】

1. 培养学生分析问题、解决问题和实际应用营销技能的综合能力。
2. 培养学生良好的团队合作能力及平等互助的团队意识。
3. 培养学生树立正确、积极向上的消费观。
4. 培养学生树立绿色、环保的时尚可持续发展观。

任务一　影响时尚消费行为的生理因素分析

【任务描述】

某休闲运动服装品牌主要面向的消费者是在校大学生群体，为了制定更具针对性的营销方案，要求对影响在校大学生消费行为的生理因素进行调研，并完成一份研究报告，作为对品牌营销方案的指导。

【知识学习】

影响时尚消费行为的生理因素

（一）生理需要

在影响消费行为的生理因素中，生理需要是对消费行为影响最为直接的自变量。人的需要有很多层次，其中生理需要是为最基础的，满足生理需要是人们生活的基本前提。人们的生理特点决定了生理需要本身具有延续性和周期性，并且随着时间的推移而持续需要被满足。随着社会向前发展，生理需要也会发生变化，呈现不同的内容形式。对于饮食，古代人满足于五谷杂粮，现代人则追求高蛋白、低脂肪。在古代封建社会，人们之间有阶级等级之分，体现在服装上即平民穿布衣，贵族穿丝帛。现代人对服装的选择主要还是出于对生活方式与个性审美的追求。

（二）生理特征

人的生理特征受到先天遗传，也存在后天生活环境的影响，遗传和环境因素相互作用，共同决定了一个人的生理特征。遗传决定了我们的潜在生理特征，而环境则会影响这些特征是否得到充分发展。对服装消费行为产生直接影响的主要有身高体型、相貌、年龄及性别。

1. 身高体型

身高和体型决定了一个人需要选择什么尺寸的服装。如果服装的尺寸不合适，人们可能会感到不舒适，影响购买和穿着的意愿。不同的身高体型需要不同的服装款式来展现自己的优点和掩盖自己的缺点。例如，高瘦的人可能会选择紧身的衣服来突出自己的身材曲线，而矮胖的人可能会选择宽松的衣服来掩盖自己的缺点。服装的领口、袖口、下摆等设计也会因不同身材而异。针对不同身材的消费人群，服装品牌结合品牌自身风格在面料、材质、色彩的选择上也会有所倾向。其中比较成功的案例有专门瞄准中年白领女性消费群体的哥弟品牌。针对中年女性面临的身体代谢降低、身材易走形的生理特征，哥弟在主打产品女裤的版型设计上加大研发力度，真正做到剪裁贴而不紧，达到了修饰腿型的目的，解决了该年龄段女性消费者的身材痛点，从而赢得了这一细分市场消费人群的认可。

2. 相貌

时至今日相貌对于社交的重要性不言而喻，那些良好相貌的人在社交场合相对更受欢迎，更容易结交新朋友和获得社交机会。因此，人们乐于购买更多的服装、化妆品、配饰等，来维持和提升自己的外表形象。这里的相貌包括皮肤、五官、毛发等生理特征，对服装消费者在选购服装时会产生明显的影响。例如消费者通常会根据肤色来选择衣服颜色，皮肤较浅的人适合选择浅色系的服装，如粉色、浅蓝色、米色等，这些颜色可以让皮肤显得更加明亮，增加活力。皮肤较深的人适合选择较深色系的服装，如深蓝色、深紫色、红色等，这些颜色可以突出皮肤的深度，增加自信。中性肤色的人可以选择几乎所有颜色的服装。如果想要突出个人特点，还可以结合自身肤色与个人喜好选择适合自己的颜色。

3. 年龄

按照年龄划分，消费者可以分为少年儿童消费者群体、青年消费者群体、中年消费者群体和老年消费者群体。不同年龄段消费者的消费行为受到很多因素的影响，包括收入水平、职业、文化背景、教育水平、家庭结构等，这些影响因素导致了不同年龄段消费者呈现出不同行为特点。

（1）少年儿童消费者群体的消费行为特征（0 ~ 14 岁）

少年儿童消费者群体由 0 到 14 岁的消费者组成的群体，这部分消费者在人口总数中有较大占比。根据世界银行的数据，中国的少年儿童占中国总人口的比例约为 17%。这一部分的消费者又可以细分为儿童消费者群体（0 ~ 11 岁）和少年消费者群体（11 ~ 14 岁）。儿童消费行为是指儿童在购买商品或使用服务时的行为表现。儿童在消费行为中往往受到家庭、同伴、媒体等多种因素的影响。他们的消费心理处于感情支配阶段，购买行为以依赖为主，本身并不拥有消费决定权，多数由家长指定品牌购买，但在很大程度上会影响父母的购买趋向，部分家长会听取孩子的意见，主要决策者还是其父母长辈，所以本项目中着重对少年消费者群体的消费行为特征进行介绍。

案例拓展

成人化品牌童装的利与弊 ①

成人化童装是指在设计中引入诸多成人元素，打破以往传统童装的原有设计界限和设计理念，体现了个性魅力和流行时尚，顺应了现在童装追求时尚和品位的市场需求。如今，随着消费观念发生变化，越来越多的父母愿意为小孩购买时尚衣物，彰显个性品位，流行时尚元素已经成为童装的主要卖点。

正如法国童装品牌 Lapin de Nice 品牌设计师 Tony Jason

---

① 王博 . 成人化品牌童装的利与弊 [EB/OL].http://www.kidsnet.cn/trade/investment/60850.html.2012-12-11.

表示，“现在是给童装市场创立新品牌的时机了，孩子们已经开始迷恋时尚，并具有品牌意识”。国外一些服装公司除了找寻童装市场空当，推出富有趣味性及高品质技术含量的系列童装产品外，更注重品牌建设以及品牌形象的整合与提升。如 ARMANI，H&M，ZARA 等一些国际大品牌公司已经开始采用与成人装一样的价格策略和产品组合方式，借助成人品牌服装成熟的运作模式带动其童装品牌的发展。

当国外品牌看到国内童装市场的巨大潜力时，国内童装品牌也逐步改变以往传统的童装形象，开始向多样、时尚、个性发展。据广东地区某童装销售冠军设计总监介绍，“成人化”给童装带来流行时尚，成为近几年来童装的主要流行趋势，今年秋冬童装在传统的鲜艳色彩系列之外，突出泥土色和蓝色，主推简约风、休闲风以及混搭的街头风，进一步与国际时尚界的成人装流行趋势接近。可见，过去以卡通形象和鲜艳色彩为主的童装，已不太能满足当今儿童的需要。

童装成人化设计应从款式、面料、色彩和市场等方面来寻找“成人”与“儿童”之间更好的平衡点，为童装企业更好地把握成人化元素的运用起到有价值的借鉴作用，从而走出一条富有创新的、有中国特色的童装设计和市场之路。同时，可以看到，目前国内童装“成人化”现象普遍存在，并成为一种流行趋势，但存在的诸多弊病也让我们深深感到国内童装设计理念的相对陈旧、品牌文化的忽视和对儿童真正关注的缺失。

少年消费者群体是指 11 ~ 14 岁年龄段的消费者。少年期是儿童期向青年期过渡的时期。与儿童时期相比，少年消费者心理上有了较大的变化，如有了成人意识，从而产生对自尊与被尊重等的需求。总体来说，少年消费者群体的消费行为特征可以从以下几点表现出来：

①消费心理日趋成熟、独立性增强

少年消费者对社会环境认识不断加深，购买经验增多，判断力也逐渐增强。购买行为理性化，不再愿意受父母束缚，喜欢自主购买商品。

相比家庭更接受来自社会的影响。

②模仿、从众心理较突出

少年主观上渴望像成人一样进行消费行为，会刻意模仿成年人的外表和行为，强烈渴望群体认同、社会肯定，消费观念逐渐转向受集体及同龄人影响。影视明星成为他们追捧的偶像，会购买相关时尚产品，与其他青少年同享流行风潮。

③强调个性化消费

少年消费者的自我意识迅速增强，喜欢拥有独特风格的产品，更加注重个性的体现，购买商品时看重能否体现自我风格。

④多情感型消费

少年消费者的思想倾向、志趣、爱好还未完全稳定，行动在很大程度上易受感情支配，经常产生冲动性消费。容易忽略综合选择，商品的款式、价格都能单独成为购买理由。

（2）青年消费者群体的消费行为特征（15 ~ 40 岁）

青年是人生中从少年向中年过渡的重要阶段。这个阶段的青年或在校深造学习，或已经就业。在我国，青年消费者一般指年龄在 15 ~ 40 岁的消费者。这个阶段的消费者群体已经逐步褪去了少年的稚气，往成熟发展。

①较高的消费需求和消费预期

青年人通常有较为旺盛的需求，这主要由于他们正处于生命的成长阶段，面临着身体和心理上的多方面变化与需求。主要体现在求知欲、成就欲、表现欲上。内心通常有强烈的消费欲望。青年消费者内心比较乐观，对未来和前途充满信心，乐于打破积攒的传统消费观念。

②富有新时代气息

青年人生活在不断变化和进步的时代中，并且积极地接触和适应新的文化和科技。他们富有朝气、活力、热爱生活、追赶潮流、喜欢猎奇、富有冒险精神。反映在消费中表现为追求新奇时尚、美的享受，喜欢潮流和富有时代精神的产物。在时尚类消费上，青年人表现出对时尚和潮流的高度关注。他们愿意追随时尚趋势，并关注流行的服装款式造型和颜色。他们通常更敢于尝试新鲜、有个性的服装，以展示自己的时尚态度和个性。青年人通常会在社交媒体上获取灵感、分享购物心得，消费行为在很大程度上受到社交媒体的影响。

③追求个性、表现自我

青年消费者喜爱能突显其个性的商品，并把所购商品与个人性格、理想、身份、职业等进行联系。这一心理特征反映在消费活动中表现为青年人消费倾向由不稳定性向稳定性过渡，对商品的品质要求高，要求有特色、上档次、有个性，不愿落入“大众化”。青年人喜欢多样性的服装选择，他们通常更乐于尝试不同的服装搭配和风格，以创造多样化、独特的个人形象。这也提醒了面对青年目标群体的服饰品牌销售人员忌将“此款为本品牌爆款”等类似语意作为描述性销售术语。

④注重情感、冲动消费

青年自主独立性逐渐强烈，依附和从众心理不断减低。购物时，情感和直觉因素起着重要作用，注意力集中在自己特别感兴趣的方面，其他不过分计较。直观选择商品的习惯使他们往往忽视了综合考虑购买，款式、颜色、品牌、价格等因素都可能单方面成为购买理由，体现出冲动性消费多于计划性消费。当理智与情感相撞，更侧重于情感，同时青年人消费中情感两极化明显，肯定与否定情感都比较明确。

⑤品牌意识强，忠诚度低

青年人希望在群体活动中体现自身地位与价值，追求仪表美、个性美，表现自我、展示自我的欲望日益强烈。反映在消费活动方面表现为注重商品的品牌与档次，对品牌要求越来越高，但他们通常会在品质和价格之间寻求平衡。同时对品牌的忠诚度较低，愿意积极尝试新品牌。

⑥关注可持续性和社会责任 思政融入

越来越多的青年人对可持续性和社会责任有较高的关注度。他们关注服装品牌的环保和社会责任举措，倾向于选择环保材料和可持续生产的服装。他们更倾向于支持具有可持续性价值观的品牌，并对二手服装、租赁服装等可持续消费模式感兴趣。

案例拓展

以数据内容呈现Z世代消费特点，解码Z世代消费态度[①]

面对Z世代（新一代消费者，特指1995～2009年间出生人群）的强势崛起，内容营销的更新迭代变得越来越快，品牌们需要深刻了解这群互联网原住民才能更好地挖掘他们的消费动力。点赞传媒总结分享CBNData发布《2020 Z世代消费态度洞察报告》，以数据内容呈现Z世代消费特点，解码Z世代的消费态度。

我国大约有2.6亿Z世代人群。随着年轻的Z世代逐步迈入社会，作为新消费人群的他们，消费能力毫不逊色于其他年龄层。根据统计，Z世代一年开支达4万亿人民币，其开销约占全国家庭总开支的13%，消费增速远超其他年龄层。为兴趣消费是Z世代的核心消费特征，独具个性的×面身份是Z世代的性格特点。

1. Z世代的潮流养生，带动了"低糖革命"

不要觉得意外，继中年人保温杯泡枸杞之后，年轻群体也扛起了养生大旗。CBNData《报告》显示，95后对整体养生产品偏好度明显上升，"保温杯里泡枸杞"成为年轻群体的潮流养生态度。这种观念的变革也让"低糖饮食"的呼声高涨。CBNData《报告》发现，2019年天猫低糖零食和咖啡销量增速对比整体增加72%，西式蛋糕和糕点在消费者的需求呼声中迎来"低糖革命"。

2. 智能产品推出，助力Z世代追求懒系生活

由于懒得做饭，速食成了年轻圈层的代餐品。然而在追求品质生活的当下，普通的泡面已不足以满足Z世代的需求，反而菜品丰富的即食火锅比方便面更有吸引力。生活在快节奏下的年轻群体，想从繁琐的家务中得到解放，同时也希望体验更高质量的生活方式，因此对智能家电产品需求较高。扫地机器人、洗碗机、

---

① 点赞传媒.报告发布！以数据内容呈现Z世代消费特点，解码Z世代消费态度[EB/OL].https://mp.weixin.qq.com/s/c94A6Iv5O8ZasVLpbDWlOg.2021-04-27.

免拆洗空调、洗烘一体机、烹饪机等懒人家务神器的出现，展现了当代年轻人的“懒系”生活态度。根据 CBNData《报告》显示，淘宝懒系产品增速明显，Z 世代懒系产品增速增加 82%。

工作不能不管，“主子”不能不顾的状态，是初入社会的 Z 世代的忙碌常态。年轻群体偏向于选择宠物智能设备来协调自己的两方面时间冲突。CBNData《报告》发现，线上宠物智能设备的消费者中近四成是年轻的 90/95 后群体，而在智能设备的选择中，智能喂养设备和穿戴设备的比重有明显增加。

3. Z 世代的生活仪式感，也来源于“高颜值的产品”

对于 Z 世代群体来说，颜值即正义。根据 CBNData《报告》显示，64% 的消费者会购买包装更吸引人的产品，反而实用性并不在他们的首选范围内。尤其是 95 后消费者，会更加注重产品的颜值。

在宠物消费领域，追求颜值与潮流化的年轻群体，也十分注重宠物的颜值穿搭。年轻群体对爱宠打扮的潮流化与定制化的要求增加，带动了线上宠物原创设计市场店铺消费的增长，宠物的“好看主义”正在流行。

4. 猎奇心理突出，Z 世代既要好吃更要好玩

伴随着盲盒风潮的盛行，这种“开盒”乐趣已经从模玩圈走进了零食界，正吸引着一批又一批喜欢“好吃又好玩”的年轻群体。根据 CBNData《报告》发现，盲盒零食成新零食潮流，2019 年销售额较 2018 年增长近 20 倍，Z 世代群体是其消费主力。

5. 不追洋货爱国潮，Z 世代更喜欢联名玩法

以前的年轻人喜欢将时尚与洋货画上等号，但这届成长于中国文化自信觉醒一代的年轻人更偏爱勇于表达的国货品牌。对他们而言，国潮的表现亦如他们的性格，色彩要奔放，态度表达更直接。根据 CBNData《报告》显示，95 后稳居线上国潮服饰消费占比领先地位。

潮流养生、懒系生活、颜值主义、猎奇趣味、国潮跨界……

消费能力逐渐显露的Z世代，在展现自己作为年轻群体的多样消费姿势，体现独特个性与无限潜力上，具有更多可待挖掘的创新玩法与需求。

（3）中年消费者群体的消费行为特征（40～55岁）

中年消费群体在我国通常指40～55岁之间的消费者。中年消费者购买力强，购买经验丰富。中年人的消费行为可以受到多种因素的影响，包括个人经济状况、家庭状况、职业和文化背景等。总的来说，中年人的消费行为往往更加注重实用性和价值，同时也更加关注自身和家庭的需求。

①情绪平稳，消费理性

中年人可能更倾向于稳健消费，即避免过度消费和浪费，注重理财和储蓄。他们可能会比较关注退休储备金的积累，或者支持孩子们上大学或者购房的费用。中年人在服装选择上同样理性，注重经典与时尚的平衡。他们可能会选择一些经典的服装款式，如简约大方的剪裁、中性色调等，同时也会关注一些时尚元素，以保持时尚感和与时俱进的形象。

②购买的计划性多于盲目性

中年人通常已经进入了职业生涯的稳定期，他们有一定的收入来源和积蓄，因此更容易制定财务规划和预算。中年人可能会比较注重长期财务目标的实现，如储蓄、投资、养老等，因此会更加有计划的消费，较少出现盲目消费的情况。在时尚类消费上，中年人通常更加需求导向。他们会根据自身的职业、社交场合和生活需求选择适合的服装。可能会购买一些正式场合的职业装或商务装，以及休闲、运动或家居服等，以满足不同场合的需求。

③购买追求实用性，较为节俭

中年消费者更加注重实用和经济实惠，更倾向于节俭消费。这一年龄群体虽然通常已经建立了一定的经济基础，但也面临更多的家庭支出和财务责任，因此更注重消费的价值和效益。在购买商品和服务时，中年消费者会更多地考虑产品的质量、性价比和实用性。他们通常会对商品进行充分的比较和研究，选择最具性价比的选项。此外，他们也更加倾向于选择稳健的品牌和商家，以确保产品的品质和服务的可靠性。中年人在服装选择上更加注重实用性和舒适度。他们通常会选择款式简洁、质量优良的服装，以满足日常生活的需求。同时也会关注服装的剪裁和面料，选择适合自己身体曲线和舒适度的服装。

④购买有主见，不易受外部影响

中年人通常已经积累了多年的工作经验和生活经历，对自己的需求和消费习惯也有了更清晰的认识。知道自己真正需要什么，也知道哪些消费是不必要或过度的。中年消费者能够较为客观地评估商品或服务的价值，避免过度消费或受外界干扰而做出冲动消费的决策。中年人在服装消费上可能会表现出一定的品牌忠诚度。他们偏向于选择自己信任和熟悉的品牌，认为这些品牌在质量、款式和服务方面更加可靠和符合自己的需求。

（4）老年消费者群体的消费行为特征（60 岁及以上）

老年消费者是指年龄在 60 岁及以上的消费者群体。这个人群通常具有较高的购买力，因为他们通常已经退休并有一定的储蓄。此外，老年消费者也更加注重产品的品质、安全性和可靠性，因为他们更关心自身的健康和安全。

①消费习惯稳定，理性消费

由于老年人处于生命周期的后期阶段，在过去长达六十多年甚至更长的生活实践中，老年人已经形成了一套属于自己的生活习惯及消费习惯，消费意愿和需求相对稳定。例如老年消费者习惯固定购物地点，如附近的超市、商场等。他们熟悉这些地方的商品种类和价格，也觉得更加便利。这种习惯一旦形成，并不容易轻易改变。另一方面，随着社会的变化和科技的进步，老年人的消费习惯也在逐渐改变。例如，近年来随着电子商务和互联网的普及，老年人也开始逐渐接受在线购物等新的消费方式。与年轻人相比，老年人的消费行为更为理性，较少有盲目消费、冲动消费。

②商品追求实惠、价格敏感度高

老年消费者通常更加注重产品的实用性和品质，不过分追求时尚和潮流。他们更愿意购买质量稳定、品牌知名度高的产品，以确保产品的耐用性和可靠性。老年消费者在价格敏感度上较高，他们通常会关注商品的价格和折扣信息，寻求性价比更高的商品，他们也会在购物时谨慎考虑预算。老年人在服装消费上也会非常注重经济实用性，关注价格和质量之间的平衡，也会考虑服装的使用寿命和耐穿性。

③消费追求便利与服务、自尊心强

随着年龄的增长，老年人的身体健康和机能都会受到一定影响，更加需要便利的购物体验。对于商品的选择倾向于购买途径、流程及支付方式简单便捷。这也解释了为什么越来越多的商家开始提供便利性服务，例如无障碍通道、电梯、自动扶梯、无需排队的自动收银机等。老年消费者的自尊心也比较强，他们在消费时更加注重服务质量和体验，希望得到尊重和关注。商家在服务老年消费者时需要提供更优质的服务和体验，满足老年消费者的需求和期望，让他们感到尊重和重视。老年人在服装选择上更加注重舒适性和便利性。他们通常会选择柔软、易于穿脱的服装，例如前开衣、魔术贴、拉链等设计，以适应身体活动的限制。另外老年消费者在数字化方面的需求也越来越高，因此，电商平台和在线服务提供商也应该针对老年消费者的需求进行改进，提供更方便易操作的平台服务，以便更好地满足他们的消费需求。

案例拓展

日本这家老年商场，颠覆了我们对养老产业的认识！[①]

专做老年人生意的购物中心 G.G Mall（永旺葛西店）（图 4-1）开业于 1982 年，在当地经营超过 30 年。根据近年的人口调查，商场周边 2 公里范围内年龄在 65 岁至 74 岁之间的老年人约有 3.5 万人，占该地区居民总数的 44%。所以永旺有了翻新店面，打造成专门面向 55 岁以上高龄消费者的想法，旨在

① 猫头鹰研究所 . 论“征服”老年消费者，只服日本这个 mall[EB/OL].https://www.sohu.com/a/305456287_120114194.2019-04-02.

让他们更好地度过日常休闲时间。为了专门满足老年消费者的需求，G.G Mall 量身为老年人设计，每个细节全部从老年人出发：因为老年人睡眠较少、起床时间很早，为了能让老年人有效打发这段时间，永旺葛西店的开门营业时间定在了早上 7 点，比通常购物中心要早 2—3 小时；商场的超市购物车经过了专门设计与改良，车体重量比普通购物车轻了 30% 以上，并安装有 360 度自由旋转的万向轮，同时在推手旁边设有独立弯钩方便老人挂包或者购物袋；G.G Mall 里不仅铺设了长达 180 米的加宽健身步道，这样即使有人摔倒了也会被及时发现、进行治疗，还设置了很多皮质沙发座椅可以随处休息。

G.G Mall 的每月客流量约为 15 万人，老年客群占比达到了 1/3。相比年轻人平均停留 1 个小时，老年人的停留时间在 3 小时左右。G.G Mall 之所以能把老年人的停留时间最大化延长，"社群化运营" 功不可没。他们曾在开业前到附近老年人经常光顾的公园里，面对面了解他们的真实需求。G.G Mall 不仅是站在一个新的视角关注到此前被忽视的 "银发" 细分市场，挖掘出一系列亟待被满足的需求，更重要的是它构筑了一个让人感到愉快且充实的空间，提供了多样性的生活可能。正是如此，顾客们才会对 G.G Mall 留下这样的评价，"如果没有这家店，我真不知道该怎么办了"。

图 4–1　日本 G.G Mall（永旺葛西店）

④消费需求结构发生变化，增加储蓄

一方面，老年人的消费需求和习惯也在逐渐转变，例如对于健康、休闲旅游、文化娱乐等方面的消费需求不断增加。其中对健康问题的关注度提高最为明显，他们更加关注健康食品、保健品、医疗器械、健身器材等健康消费品，以维持身体健康和延缓衰老；另一方面，随着智能手机、平板电脑、智能家居等科技产品的普及，老年人也逐渐接受和使用新科技产品，这也促进了老年人消费结构的变化。另外，由于退休后收入有所下降，特别是一些农村老年人，一旦停止劳作就会面临几乎没有收入来源，得依靠以往的储蓄来维持生活的困境。因此，随着年龄的不断增加，为了保证有充裕的晚年医疗支出，老年人通常会更加节省开支以增加储蓄。

⑤较强的补偿性心理

近年来随着老龄化进程的加快，在市场营销中，针对老年消费者的产品和服务越来越多，例如健康食品、保健用品、上门医疗服务等。企业需要注意老年消费者的消费习惯和偏好，以便更好地满足他们的需求。其中一些出于"补偿心理"的消费商品也引起了市场高度关注。例如旅游观光、婚纱摄影、美容美发等在年轻时没有机会体验的消费项目，现如今成为很多老年消费者的大宗支出。

案例拓展

新时代老年人的"衣"消费[①]

据国家统计局数据显示，2022 年统计 60 岁及以上人口约为 26736 万人，占全国人口的 18.9%。正在逐渐步入老年人群的 60 后、70 后，他们大多是改革开放后的第一批弄潮儿，见证了中国几十年来翻天覆地的改变。相比于他们的上一代，思想相对开放、财务富裕的他们，会更加乐意把钱花在自己身上。银发

① 湃动研究院. 老年人的"新"消费，如何撑起万亿银发经济？[EB/OL].https://mp.weixin.qq.com/s/1_rRC3QW_1LyNuhywtcGWg.2023-02-02.

经济对标老年人，但整个产业仍处于新生儿状态。新一代老年人的需求扩大，消费持续升级，市场规模在快速膨胀。

新时代老年人的消费心理和行为，更加超前、年轻化。在服饰的选择方面，老年消费群体考量因素包含美观度、选择面、功能性等，兼顾生理和心理两方面的应用需求。但市场调查数据显示，在服装市场上，青年人的服装占到 80% 多，老年人却不到 5% 的市场份额，诸如品种少、色彩单一、样式陈旧、尺码不全、使用场景单一等问题都急需解决。

各平台的中老年 KOL/KOC 的着装穿搭，在网络上更是掀起一场消费变迁和审美品位更迭的热潮。全网千万粉丝的康康爷爷尤为钟情于多款巴黎世家、LV、Supreme 等潮流品牌，采用高亮色的炫酷单品，走出独具个人风格的路线。全网千万粉丝的汪奶奶不仅以气质圈粉，更是以多元化的穿搭火遍全网，成为无数有少女心的中老年妇女的偶像，鼓起她们追寻自己穿衣风格的勇气。

不仅如此，老年服饰还需要解决老人在穿衣使用过程中的实际困难和障碍，甚至是部分老人本身的基础病，他们的生活习惯、行动能力、行为习惯，以及随时可能发生的意外，都需要对服装做功能性的设计提升。市面上也出现了定价在 3000 ~ 5000 元不等的老人防摔马甲，通过高技术含量的面料和设计，搭载 AI 芯片和传感器，从失重速度和倾斜角度等多个维度检测身体变化，在危险时 80 毫秒内迅速开展保护，防范老人意外摔倒的问题。

老年消费市场整体处于起步阶段，越来越多的老年消费群体会更加注重品牌背书、渠道正规、符合客观需要的产品，老年品类的企业应该更强调品牌理念和生活方式，以品牌为底层逻辑搭建运营模式。

4. 性别

由于社会角色和文化因素等影响，男性和女性消费群体在消费行为上存在着明显差异。

（1）女性消费者群体的消费特征

①购买行为的主动性与购买目标的模糊性

女性消费者通常更愿意主动寻找产品信息和比较不同选项，以做出明智的购买决策。她们通过互联网搜索、阅读评论、查阅产品介绍、询问朋友评价等方式来主动获取更多的商品购买信息。很多女性在逛商场时并不具有明确的购买目标，而是在逛的过程中不断找寻目标，同时享受逛与浏览商品带来的心理满足感。

②购买行为受环境因素影响较大

女性消费者非常容易受到周围环境因素的影响。购物现场的环境氛围、导购人员的言行举止甚至是其他消费者的意见都有可能直接或间接地影响女性消费者的购物决策。例如美观、整洁、宽敞的购物场所会吸引更多女性前来购物，而拥挤、杂乱的购物环境会导致她们的购买欲望下降。除此以外，女性消费者还可能会受到打折、赠品等促销手段的影响，进而迅速形成购买决策。女性消费群体主要用情感支配购买动机和行为。

③对商品价格敏感

女性消费者在购买服装时通常会综合考虑价格和商品本身价值。她们可能会寻找价格合理、性价比高的服装，同时也会关注服装的品质和耐用性。会积极寻找优惠和促销活动，善于发现特价和打折信息。女性消费者更倾向于通过比较和研究来做出购买决策。

④具有浓厚的情绪情感色彩

女性在消费时通常更注重产品的情感价值和个人体验。她们可能更关注产品的外观、风格、品牌形象以及与产品相关的情感联结。产品所带来的情感价值和愉悦感常常是她们考虑的重要因素。她们希望购买能够满足自己情感需求的产品，如增加自信、改善心情等。

⑤乐于分享购买体验

女性消费者在进行消费行为过程时通常伴随着社交和互动。她们可能会与朋友一起购物，分享意见和建议。女性消费者也喜欢在社交媒体上分享自己的服装搭配和购物体验，以获取反馈和精神情感的满足。

（2）男性消费者群体的消费特征

①购买行为的目的性与理智性

男性消费者的购买行为更倾向于理性，通常在购物前就有了明确的目标。他们逻辑性强，决策果断，通常能快速完成购买行为。以确保他们做出明智的购买决策。男性消费者更注重服装商品的实用性和功能性。他们通常会选择具有舒适度和耐用性的服装，以适应日常活动和工作需求。他们更看重服装的功能性，如口袋设计、防水面料等。

②购买动机形成的迅速性与被动性

在大多数时候男性消费者购买动机的形成都是由个人需求直接推动的。例如换季产生的对保暖功能服装的需求。购买动机缺乏主动性和灵活性，通常很迅速且被动。男性消费者在购物时通常会专注于一个任务或目标，追求高效和快速完成购买。他们可能更倾向于快速决策，而不会花费太多时间在不同选项之间犹豫。

③购买过程的独立性与缺乏耐心

相比于女性消费者将购物本身当作一种社交乐趣，男性消费者购买的独立自主性强，善于独立思考，处理问题时能冷静权衡利弊。同时男性消费者在购买中善于控制自己的情绪，不易受外界因素干扰。但是也表现出对商品挑选不仔细、不愿意讨价还价和反复比较，总体上缺乏耐心的消费特点。

案例拓展

“她经济”正崛起——“深度悦己”成女性消费趋势①

根据中国中小商业企业协会与企查查联合发布的《2022“她经济”女性消费分析报告》及京东消费及产业发展研究院发布的《2022年中国女性消费报告》显示，2022年，京东平台女性消费者整体成交额增速大幅领先男性。根据埃森哲的公开数据显示，

① 独角兽时间．“她经济”正崛起——“深度悦己”成女性消费趋势[EB/OL].https://mp.weixin.qq.com/s/iSD-g_LihXmyoy6zrQdtIQ.2023-03-16.

中国有近4亿年龄在20至60岁的女性消费者，每年掌控着高达10万亿人民币的消费支出。女性的消费选择，深刻影响消费市场结构的变革和发展趋势。

一、消费和健康是两大重要构成

女性消费主要包括美妆、医美、黄金珠宝、母婴、女装5大赛道，女性健康主要包括护理、孕产、健身、内衣4大赛道。根据企查查数据，女性消费领域企业注册量逐年增长，即使是疫情背景下依然避险能力良好，整体稳定性较强。

从消费产品的具体细分来看，报告显示，健康成为女性消费者2022年的消费关键词。营养保健、传统滋补等商品，越来越多地出现在女性的购物车里，自己和家人的健康成为美好生活的保障，更加新鲜的食品、越来越多的户外运动，这些突增的需求也印证了女性希望有更多的时间来享受生活的理念。珠宝首饰和艺术品进消费增幅前十，更彰显了“深度悦己”成为中国女性消费升级的鲜明标签。女性在美妆的品类消费中也发生了明显转变：护理产品进入消费前三，取代美妆产品占据了增长榜的前列。虽然部分是因为社交需求的降低，但也能明显看出，如今的女性消费者更追求的是由内而外散发的美。

二、女装融资规模或迎新增长

企业注册量可以反映赛道热度，而投融资数据是赛道吸金能力的重要表现方式。从各赛道注册量表现，我们发现，女性健康领域受疫情冲击较大，孕产、女性健身、内衣赛道注册量下滑，医美、母婴、黄金珠宝3个赛道疫情后逆势而上。在2022年，女性消费者选择服装时休闲、舒适是第一因素。真丝上装、T恤、帆布鞋、风衣、休闲鞋、双肩包、休闲裤领衔服饰品类大幅增加。

三、女性的自我提升与终身成长

提升精进成为2022年女性消费的另一个关键词。京东报告显示，2022 年，女性用户在京东图书、教育培训等支出总额和同比增速都高出男性，女性更加看重对自身修养的提升。2022 年，居家时间的增加，让人们有更多的阅读机会。京东图书女性消费者的购书人次和金额均有大幅提升，而其中消费额增幅排名第一的是收藏鉴赏，历史、国学、文化、财经管理类图书也取得了超过一倍的增长，社会小说成为增幅前十里面唯一的“闲书”，仅排名第九。从总消费金额看，除童书和教辅外，小说、文学、管理、历史和进口原版是女性消费者 2022 年最喜欢的图书品类。在线教育的发展，接受专业培训和辅导更加便捷，为女性的自我认知和提升提供了更加丰富的选择。2022 年，京东的女性用户用在教育培训上的支出比 2021 年提升了近 30%，除为孩子支付的青少年素质培训外，职业技能培训、考证培训和学历教育培训的支出最多。从增幅看，文艺修养培训较 2021 年增长 8.18 倍，其次是投资理财培训和考研专业课，分别增长 2.56 倍和 2.71 倍。

四、中国女性的低碳可持续观念

根据京东数据分析，从几类主要的可持续消费行为来看，女性用户消费量最高的是节能类产品，其次是以旧换新、可替换和可循环产品。从人均消费金额来看，以旧换新类产品最高，其次是节能、可替换和可循环产品。购买节能产品是典型的可持续消费行为。在女性消费者的“节能”消费中，购买家用电器和家装建材的数量最多，合计超过 9 成。

在长期节约、环保等朴素观念影响下，中国的女性消费者已开始在生活中将部分符合可持续消费的举措付诸行动，在可持续消费中扮演更重要的角色。

5. 身体健康状况

每个消费者都向往拥有健康的身体，充分享受健康带来的幸福与快乐。身体健康和消费行为之间一直存在着密切的关系。健康消费已经成为了现今消费的一大趋势。健康消费的内容与方式直接取决于消费者的健康状况，一些患有严重疾病的消费者，在消费内容上通常多有限制。针对时尚类的消费，人们也会根据不同的身体健康状况，购买更适合自己的服装。对于有特定身体需求的消费者，如身材特殊、身体残障或慢性疾病患者，他们可能需要定制服装，以确保服装的合身和舒适度；皮肤病患者对某些面料可能有不同的反应，因此需要对服装有特定的材质要求，以确保穿着舒适；某些健康问题也可能导致对个人隐私和自信的关注，如一些人可能希望遮盖或隐藏特定部位的身体问题，因此会选择适合的服装来提高自信心和舒适感；腿脚不方便的人可能会因此影响出门的次数，从而降低购买服装的欲望，也更倾向于通过网购商品来完成消费目标。

案例拓展

天猫集团联合众品牌发起“一只鞋计划”[①]

我国有约 2472 万肢体残障群体，他们每买一双鞋就意味着要闲置穿不上的一只。全国第十一届残运会开幕之际，天猫集团联合中国残疾人事业新闻宣传促进会及 Reebok 锐步、斯凯奇、森马、回力、乔丹、ECCO 爱步、CAMEL 骆驼七个品牌带来一支温情广告片。广告片中在山区公益支教的老师夏蓉、残运会轮椅网球亚军乔枫、曾单脚翻越三山五岳的张旭印、中国残奥会运动员归玉娜、汶川最美马拉松女孩牛钰、全国健美比赛三十强选手杨帅洪分别讲述了他们“用一只脚拼搏却为一双鞋买单”的故事。上述鞋子品牌及中国残疾人福利基金会联合天猫平台打造了“一只鞋”的售卖服务：在天猫平台搜索“一只鞋计划”（图 4-2），选择左脚或者右脚，就可以半价获得属于自己独特的买鞋体验。该活动体现了上述平台与企业对特殊人群的人文关怀。

---

① SocialBeta 编辑部 . 天猫联合众品牌发起“一只鞋计划”[EB/OL].https://socialbeta.com/c/9154.2021-10-25.

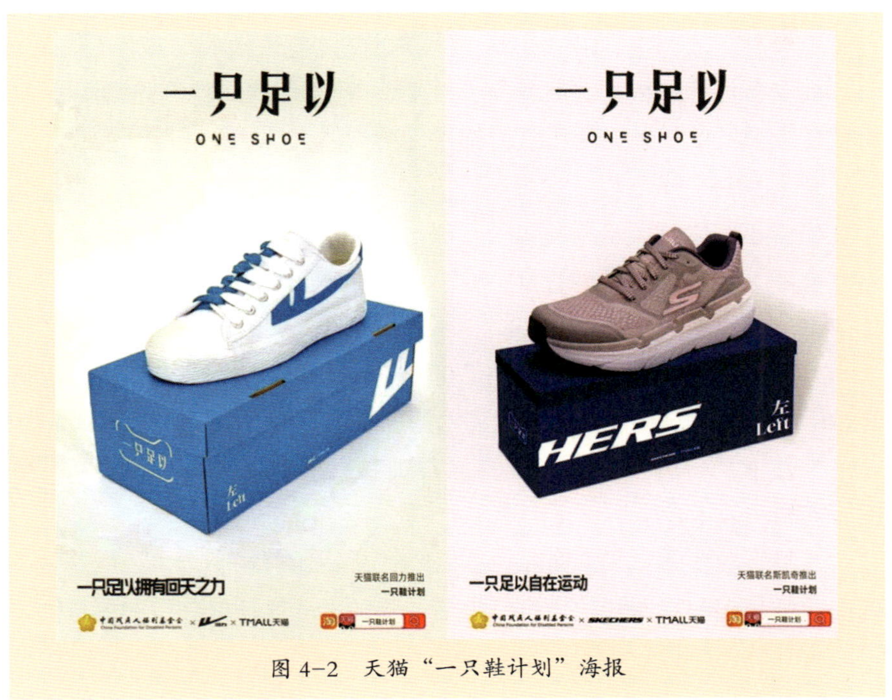

图 4-2　天猫“一只鞋计划”海报

【知识测试】

一、单选题

1. 中年消费者群体的消费行为特征（　　）。

A. 情绪平稳，消费理性

B. 消费计划性多于盲目性

C. 购买追求实用性，较为节俭

D. 购买有主见，不易受外部影响

2. “他们可能会选择一些经典的服装款式，如简约大方的剪裁、中性色调等，同时也会关注一些时尚元素，以保持时尚感和与时俱进的形象。”这段描述反映了哪个年龄段的消费者群体行为特点？（　　）

A. 儿童消费群体　　　　B. 青年消费群体

C. 中年消费群体　　　　D. 老年消费群体

3. 购买动机形成的迅速性与被动性，属于哪类消费群体的消费特征（　　）。

A. 女性消费者　　　　　　　　　　　B. 男性消费者

4. 老年消费群体的“旅游观光、婚纱摄影、美容美发”基于以下哪种消费心理？（　　）

A. 补偿性消费心理

B. 消费追求便利与服务

C. 追求实惠价格敏感性高

二、判断题

1. 面对青年目标群体的服饰品牌销售人员可以使用“此款为本品牌爆款”等类似语意作为描述性销售术语，以促进销售。（　　）

2. 儿童消费者本身并不拥有消费决定权，多数由家长指定品牌购买，家长一般不会听取孩子的意见。（　　）

3. 越来越多的青年人对可持续性和社会责任有较高的关注度。他们关注服装品牌的环保和社会责任举措，倾向于选择环保材料和可持续生产的服装。（　　）

4. 青年人在消费活动方面表现为注重商品的品牌与档次，对品牌要求越来越高，但他们通常会在品质和价格之间寻求平衡。同时对品牌的忠诚度较低，愿意积极尝试新品牌。（　　）

5. 现如今，老年人也开始逐渐接受在线购物等新的消费方式。与年轻人相比，老年人的消费行为更为理性，较少有盲目消费、冲动消费。（　　）

课程实训 >>>

请根据老年消费者群体的消费特征，从广告宣传重点、媒体选择、促销形式、销售渠道、款式、价格、顾客接待要点等方面为以老年消费群体为目标人群的服装品牌制定营销侧重点。

任务二　影响时尚消费行为的心理因素分析

【任务描述】

对四种不同气质的消费者进行时尚消费行为特征分析，并制定一份不同气质消费者的投诉接待方案。

【知识储备】

消费者气质与时尚消费行为

气质是表现在人们心理活动和行为方面的典型的、稳定的动力特征，即速度、强度、灵活性、稳定性。人的不同气质体现在意志力的大小、知觉的速度、思维的敏捷性、注意力集中时间的长短和情绪的强弱等各个方面。

（一）消费者主要的气质类型

希波克利特（Hippocrates）是古代希腊最著名的医学家之一，也被誉为现代医学之父。他在自己临床实践中提出人体内有血液、黄胆汁、黑胆汁和黏液四种液体，即“四体液说”。人体根据这四种液体的比例占比不同，会形成不同的气质类型：比如血液占优势的人属于多血质，黄胆汁占优势的人属于胆汁质，黏液占优势的人属于黏液质，黑胆汁占优势的人属于抑郁质。在某种程度上说，决定人们的行为方式的就是这四种液体在人体所占的不同比例。

1. 胆汁质

胆汁质的人反应速度快，具有较高的反应性与主动性。这类人情感和行为动作产生得迅速而且强烈，有极明显的外部表现；性情开朗、热情、坦率，但脾气暴躁，好争论；情感易于冲动但不易持久；思维具有一定的灵活性，但对问题的理解具有粗枝大叶、不求甚解的倾向；意志坚强、果断勇敢；行动利落而又敏捷，说话速度快且声音洪亮。

2. 多血质

多血质的人行动具有很高的反应性。这类人情感和行为动作发生得很快，变化得也快，但较为温和；易于产生情感，但体验不深，善于结交朋友，容易适应新的环境；语言具有表达力和感染力，姿态活泼，表情生动，有明显的外倾性特点；机智灵敏，思维灵活，但常表现出对问题不求甚解；注意与兴趣易于转移，不稳定；在意志力方面缺乏忍耐性，毅力不强。

3. 黏液质

黏液质的人反应性低。情感和行为动作进行得迟缓、稳定、缺乏灵活性；这类人情绪不易发生，也不易外露，很少产生激情；注意力稳定、持久，但难于转移；思维灵活性较差，但比较细致，喜欢沉思；在意志力方面具有忍耐性，对自己的行为有较大的自制力；态度持重，好沉默寡言，办事谨慎细致，从不鲁莽，但对新的工作较难适应，行为和情绪都表现出内倾性，可塑性差。

4. 抑郁质

抑郁质的人有较高的感受性。这类人情感和行为动作进行得都相当缓慢、柔弱；情感容易产生，而且体验相当深刻，隐晦而不外露，易多愁善感；往往富有想象力，聪明且观察力敏锐，善于观察他人观察不到的细微事物，敏感性高，思维深刻；在意志方面常表现出胆小怕事、优柔寡断，受到挫折后常心神不安，但对力所能及的工作表现出坚忍的精神；不善交往，较为孤僻，具有明显的内倾性。

（二）气质的特征

气质是由人的高级神经系统的生理特点决定，所以气质具有先天性。

一个刚出生的婴儿就会体现出不同的气质：有的很爱哭闹，一不满足他就大哭，吃睡不规律；有的很适应新环境，吃饱了就睡；有的需要慢慢适应环境。根据气质特征可以将婴儿分为难养型、易养型、迟缓型。

气质的稳定性表现在空间和时间上，一般不随年龄变化而变化。不光学习上体现这种气质，在生活中也会体现这种气质，各个方面都会表现出所属的气质特征。然而有时随着生活环境的变化以及阅历的增长，气质还是有一定范围内的可变性的。主要由于神经系统在环境刺激和外界条件下进行活动，具有一定可塑性。不同气质的人在社会生活中，有时会压抑住自己的真实气质，不表露出来，但是碰到紧急情况还是会容易爆发出来。

（三）不同气质时尚消费者的行为表现及接待注意事项

在现代营销活动中，通过观察识别消费者的气质，可以有助于营销人员根据消费者的气质特征以及所表现出来的行为偏好，利用和引导气质好的一面，有针对性地提供适应的服务，更好地满足消费者的消费需求，提供更符合其兴趣和价值观的产品和服务体验。

1. 胆汁质消费者

胆汁质的消费者在购买行动时情绪反应热烈、易冲动，表现出较差的忍耐性。通常其表情非常丰富，言语坦率而直接，同时也喜欢提出问题、提出意见，常常会表现出脾气急躁。对销售人员的服务态度要求高，容易与人发生矛盾。这类消费者的另一个显著特征就是易冲动消费，一旦被某一商品所吸引，往往会立刻导致购买行为，事后又容易产生后悔的情绪。对待这一类型的消费者要求销售人员注意态度和善、语言友好，头脑需要时刻保持冷静，面对胆汁质消费者的急躁需要反应快速准确，语言简洁明了，态度友善，不能强硬，让这类消费者充分感受到销售人员的真诚服务。

2. 多血质消费者

多血质的消费者在购买行动中情绪外露，喜欢与营业员和其他顾客交换意见。而且反应非常灵活，活泼热情，见面自来熟，语言丰富，能适应各种环境的变化。但是这类气质消费者感情易变，注意力和兴趣也容易转移。易受到环境和他人的影响，产生冲动购物。因此，面对这类气质的消费者，要求销售人员热情周到、主动接近，尽可能地提供多种信息，获得对方信任与好感，容易促进购买行为的完成。

3. 黏液质消费者

黏液质的消费者在购买行动中情绪较为稳定、不易外露，行动稳重缓慢，语言简练，善于控制自己，不轻易听信他人的意见，也不轻易受营销环境的影响。他们喜欢独立选购商品，不喜欢销售人员过分热情地出谋划策。面对这类消费者，销售人员需要有耐心，既不能过早地主动接触消费者，也不要积极发表自己对商品的见解，特别是在消费者没有征询意见的时候。回答问题尽可能地简明扼要。同时给出空间让消费者自己来了解商品、选择商品，仅在消费者发出需要帮助的信号的时候再提供必要的服务。

4. 抑郁质消费者

抑郁质的消费者在购买行动中情绪变化较缓慢，观察商品非常仔细且认真，体验深刻，经常能发现商品的细微之处。语言上非常谨慎、小心，决策过程也较缓慢。常常出现犹豫、反复挑选的情况，不易相信自己的判断，需要依赖销售人员的介绍。其购买活动易受到外界的干扰，例如销售员的服务态度、社交平台上其他消费者对商品的评价、商业广告的宣传语等等，都易影响其购买行为。面对这类消费者，要求销售人员能熟知商品的信息，服务过程中具备更多的耐心，能够细致、友善地做商品介绍、解答问题，以消除其内心的疑虑，一定要允许对方的反复，真正做到贴心周到。

气质类型测验

下面有 60 道题，可以帮助你大致确定自己的气质类型，请根据自己的情况在“很符合、比较符合、不太确定、比较不符、完全不符合”五个答案中选择一个最适合自己的选项。很符合的情况 2 分，比较符合 1 分，不太确定 0 分，比较不符合 -1 分，

完全不符合 -2 分，最后按照不同的气质进行计分。

1. 做事力求稳妥，一般不做无把握的事。

2. 遇到可气的事就怒不可遏，想把心里话全说出来才痛快。

3. 宁可一个人干事，不愿很多人在一起。

4. 到一个新环境很快就能适应。

5. 厌恶那些强烈的刺激，如尖叫、噪音、危险镜头。

6. 和人争吵时总是先发制人，喜欢挑衅。

7. 喜欢安静的环境。

8. 善于和人交往。

9. 羡慕那种善于克制自己感情的人。

10. 生活有规律，很少违反作息制度。

11. 在多数情况下情绪是乐观的。

12. 碰到陌生人觉得很拘束。

13. 遇到令人气愤的事，能很好地克制自我。

14. 做事总是有旺盛的精力。

15. 遇到问题总是举棋不定，优柔寡断。

16. 在人群中从不觉得过分拘束。

17. 情绪高昂时，觉得干什么都有趣；情绪低落时，又觉得干什么都没意思。

18. 当注意力集中于一事物时，别的事很难使我分心。

19. 理解问题总比别人快。

20. 碰到危险情境，常有一种极度恐怖感。

21. 对学习、工作、事业怀有很高的热情。

22. 能够长时间做枯燥、单调的工作。

23. 符合兴趣的事情，干起来劲头十足，否则就不想干。

24. 一点小事就能引起情绪波动。

25. 讨厌做那种需要耐心、细致的工作。

26. 与人交往不卑不亢。

27. 喜欢参加热烈的活动。

28. 爱看感情细腻、描写人物内心活动的文学作品。

29. 工作学习时间长了，常感到厌倦。
30. 不喜欢长时间谈论一个问题，愿意实际动手干。
31. 宁愿侃侃而谈，不愿窃窃私语。
32. 别人总是说我闷闷不乐。
33. 理解问题常比别人慢些。
34. 疲倦时只要短暂的休息就能精神抖擞，重新投入工作。
35. 心里有话宁愿自己想，不愿说出来。
36. 认准一个目标就希望尽快实现，不达目的，誓不罢休。
37. 学习、工作一段时间后，常比别人更疲倦。
38. 做事有些莽撞，常常不考虑后果。
39. 老师讲授新知识时，总希望他讲得慢些，多重复几遍。
40. 能够很快地忘记那些不愉快的事情。
41. 做作业或完成一件工作总比别人花的时间多。
42. 喜欢运动量大的剧烈体育运动或参加各种文艺活动。
43. 不能很快地把注意力从一件事转移到另一件事上去。
44. 接受一个任务后，就希望能把它迅速解决。
45. 认为墨守成规比冒风险好一些。
46. 能够同时注意几件事物。
47. 当我烦闷的时候，别人很难使我高兴起来。
48. 爱看情节起伏跌宕激动人心的小说。
49. 对工作抱有认真严谨、始终一贯的态度。
50. 和周围人的关系总相处不好。
51. 喜欢复习学过的知识，重复做能熟练做的工作。
52. 希望做一份变化大、花样多的工作。
53. 小时候会背的诗歌，我似乎比别人记得清楚。
54. 别人说我“出语伤人”，可我并不觉得这样。
55. 在体育活动中，常因反应慢而落后。
56. 反应敏捷、头脑机智。
57. 喜欢有条理而不甚麻烦的工作。
58. 兴奋的事情常使我失眠。

59. 老师讲新概念，常常听不懂，但是弄懂了以后很难忘记。

60. 假如工作枯燥无味，马上就会情绪低落。

记分

胆汁质型得分：第 2、6、9、14、17、21、27、31、36、38、42、48、50、54、58 题的得分之和。

多血质型得分：第 4、8、11、16、19、23、25、29、34、40、44、46、52、56、60 题的得分之和。

黏液质型得分：第 1、7、10、13、18、22、26、30、33、39、43、45、49、55、57 题的得分之和。

抑郁质型得分：第 3、5、12、15、20、24、28、32、35、37、41、47、51、53、59 题的得分之和。

确定气质类型的标准

1. 如果某类气质得分明显高出其他三种，均高出 4 分以上，则可定为该类气质。如果该类气质得分超过 20 分，则为典型；如果该类得分在 10 ~ 20 分，则为一般型。

2. 两种气质类型得分接近，其差异低于 3 分，而且又明显高于其他两种，高出 4 分以上，则可定为这两种气质的混合型。

3. 三种气质得分均高于第四种，而且接近，则为三种气质的混合型，如多血 – 胆汁 – 黏液质混合型或黏液 – 多血 – 抑郁质混合型。

【知识测试】

一、名词解释

1. 消费者气质
2. 胆汁质
3. 多血质
4. 黏液质

5. 抑郁质

二、单选题

1.“语言上非常谨慎、小心，决策过程也较缓慢。常常出现犹豫、反复挑选的情况，不易相信自己的判断，需要依赖销售人员的介绍。”以上描述属于哪种消费者气质？（　　）

A. 胆汁质　　B. 多血质

C. 黏液质　　D. 抑郁质

2.“在购买行动中情绪外露，喜欢与营业员和其他顾客交换意见。而且反应非常灵活，活泼热情，见面自来熟，语言丰富，能适应各种环境的变化。”以上描述属于哪种消费者气质？（　　）

A. 胆汁质　　B. 多血质

C. 黏液质　　D. 抑郁质

3.“在购买行动中情绪较为稳定、不易外露，行动稳重缓慢，语言简练，善于控制自己，不轻易听信他人的意见，也不轻易受营销环境的影响。”以上描述属于哪种消费者气质？（　　）

A. 胆汁质　　B. 多血质

C. 黏液质　　D. 抑郁质

三、判断题

1. 气质是由人的高级神经系统的生理特点决定，所以气质具有先天性。（　　）

2. 希波克利特是古代希腊最著名的医学家之一，他在自己临床实践中提出人体内有血液、黄胆汁、黑胆汁和黏液四种液体，即“四体液说”。（　　）

3. 面对多血质的消费者，要求销售人员热情周到、主动接近，尽可能的提供多种信息，获得对方信任与好感，容易促进购买行为的完成。（　　）

课程实训 >>>

1. 不同气质的行为分析

地点：某剧场门口

时间：演出开始了

人物：查票员和四位迟到的观众

情节：剧场规定演出开始十分钟后不得进场。四位迟到者面对查票员的表现各不相同。请分别推断这四种不同气质的观众分别会有何种反应？请试着写下来。

2. 请同学们结合自身行为特点，并完成“气质类型测验”，分析自己属于哪种气质及典型特点，并观察自己在消费行为中的主要气质表现。

姓名	气质类型	典型性格特点	体现在消费行为中的具体表现

CHAPTER 5

项目五

促进时尚消费行为的导购沟通策略

教学目标

【知识目标】

1. 了解导购接待消费者的具体流程。
2. 了解处理消费者投诉的具体步骤。
3. 了解卖场消费者投诉的处理细节。
4. 了解赞美服装消费者的原则。
5. 了解导购非语言沟通的主要方式及要点。

【能力目标】

1. 能按照标准的流程进行消费者接待。
2. 能妥善对消费者投诉进行接待处理。
3. 能对不同类型的时尚消费者进行恰当赞美。
4. 能通过非语言沟通方法和消费者进行交流。

【素养目标】

1. 培养学生细心观察、发现问题、解决问题的综合能力。
2. 培养学生积极协助同学完成工作任务，认真负责、开拓进取的合作精神。

任务一　导购服务与时尚消费者行为分析

【任务描述】

模拟导购人员接待店铺投诉处理，并对处理过程进行记录、总结。

【知识学习】

在心理学当中有一个词语叫首因效应，意思是指个体在社会认知过程中，通过“第一印象”最先输入的信息对客体以后的认知产生的影响作用最强，持续的时间也长，会很大程度地影响接下来对事物的看法。而卖场终端的导购人员作为连接品牌和消费者的桥梁，在很多情况下即发挥着首因效应的作用。

一、导购影响力的表现

当消费者进入店铺以后，导购的亲切服务可以使消费者产生良好的信任感，有助于两者之间的沟通交流。通过交流消费者可以深入了解产品，导购也可以通过了解消费者的需求，成为最直接的企业信息收集者；同时导购人员不仅仅是商品的出售者，还是消费者购买行为的指导者，可以为消费者提供全面的产品信息，指导消费者选择符合个人气质、身材、肤色的服装商品；作为品牌与消费者之间的桥梁，导购也是情感的融通者，优秀的导购可以化解很多销售环节中的矛盾误会，最终促进销售顺利完成。

二、接待过程中的导购服务与消费行为分析

下面我们以一次购物过程为例，来分析消费者进入店铺后的与导购接待过程中的心理与行为。当消费者进入到店铺时，通常可以分为三种情况：一是有明确购买计划的消费者，这类消费者进店之前通常已经对购买目标和需求进行了充分的考虑和规划，他们对要购买的产品或服务有明确的了解和期望，当这类消费者进入店铺后，会直接把关注点放在他们需要的商品上；二是只有购买动机还没有明确购买计划的消费者，进入店铺后通常步伐较慢，随意浏览商品，会被各种营销因素吸引，逐渐明晰购买目标；三是出于消遣闲逛而进店铺的消费者，在进店之前脑海中没有任何明确的购买动机，只在浏览过程中被商品或营销因素吸引继而产生购买兴趣。无论是哪一种情况，作为导购人员都要针对不同的消费心理，做好以下接待与沟通。

（一）伺机接待消费者

当消费者进入店铺时，导购应该主动报以自然而亲切的微笑，这种表达欢迎的形式自然且不容易引发消费者反感。标准的接待方式是微笑加上亲切的问候“您好，欢迎光临 ×× 品牌”。在完成了第一步打招呼后，导购人员如果想要进一步接近消费者要注意把握恰当的时机。有的导购会在没有判断消费者类型的情况下就提问“您要买点什么？”这对于刚进入店铺，也没有明确购买目标的消费者而言是很难回答的，甚至可能因此感受到压力而加快速度离开店铺。

（二）伺时进行商品展示

导购在与消费者完成初次接触后，了解到消费者的购买意向，应该及时向消费者进行商品展示，在展示商品时要结合消费者的具体期待来进行兴趣激发。这就要求导购除了具备对消费者心理需求的洞察能力外，还应对店铺中的商品有充分的了解，才能够向消费者提供专业的建议和针对性的推荐，促进购买行为的产生。

（三）积极诱导购买欲

当消费者对商品有了一定了解后，可能已经要进入购买决策阶段，通常会在几个选项中选择最优方案。导购可以结合前期对消费者自身喜好、使用习惯的了解，用推荐性的语气向消费者推荐其中某些商品。还可以对不同商品间的功能、卖点、价格进行对比，分析出不同商品的优劣势，这种推荐方法能让消费者感觉到真诚，有利于增加信任感，促进消费者尽快做出选择。

（四）积极促进交易达成

有时候当导购对消费者进行产品推荐后，消费者会处于买与不买的中间难以抉择，导购人员可以适当运用一些语言、动作来促进交易的达成。例如向消费者表达商品的价格正处于最优价或库存紧张，也可以询问消费者是否还存在什么顾虑，根据具体反馈提出消除顾虑的方案，积极促进交易尽快达成。

（五）顺利完成交易

当消费者决定购买后，导购应当表达感谢并给予恰当的赞美，然后完成商品包装与结账手续。最后须告知消费者有关商品保养的相关知识和使用注意事项。

三、导购服务与消费者投诉行为分析

（一）处理消费者投诉的步骤

消费者投诉是在导购日常店铺工作中经常会碰到的情况，即使再好的产品、再贴心的服务也无法完全避免投诉的发生。妥善处理消费者投诉是企业维护消费者关系和提高消费者满意度的重要环节。行之有效的消费者投诉处理策略可以帮助企业建立良好的声誉，并增加客户的忠诚度。处理消费者投诉主要应对步骤如下：

1. 倾听

解决消费者投诉的第一步就是倾听。认真地倾听消费者的叙述，才能够理解其感受，继而提出有针对性的解决方案，最终有效化解消费者的投诉。但是对很多导购而言，耐心地倾听客户的投诉，做一个合格的听众并不是一件很容易的事情。

2. 表达感谢

消费者的投诉可以帮助企业及时发现问题，以便下次可以做得更好。同时这也意味着消费者并没有完全放弃企业，还是对企业抱有能解决问题的希望的，所以第二步就是要对消费者表达感谢。

3. 做出判断

为了更加妥善地处理好投诉工作，导购需要对消费者进行判断。首先要判断面对的消费者是哪种类型的消费者，不同个性、消费特点的消费者需要采取针对性的应对方式。并且要根据消费者的倾诉内容判断出其投诉目的，即投诉是为了获取物质上的额外补偿还是更需要心理上的慰藉，正确的判断可以帮助导购及时调整应对策略。当然最重要的是要判断此次投诉是否属于企业责任范围内。

4. 做出处理

如果判断不是企业的责任，导购仍然需要详细地为消费者解释原因，澄清误会，同时要站在消费者的立场上指引其使用其他的解决方法，表现出主动服务的热忱。如果判断出来属于企业的责任范围，那就要看能否立即解决。如果可以立即解决，那就立即帮消费者进行处理；如果既是企业方的责任又不能立即解决，应当解释原因并承诺协调处理，让消费者安心，同时要给出明确的处理回复时间，并取得消费者的认同和接受，要让其感受到企业对投诉问题的重视。

（二）处理卖场终端消费者投诉的接待细节

1. 不在经营场所内处理投诉

通常投诉的消费者在当下都是带有情绪的，难免会在行为上出现说话大声、情绪激动等表达方式。如果现场沟通不顺畅的话甚至会出现更为过激的行为，卖场一旦变成了硝烟弥漫的战场，必定会影响正常营业。原本想购买的消费者也可能会因此放弃购买。所以投诉应对细节的第一条就是不在经营场所内处理投诉，导购可以将投诉的消费者带去独立的办公室或员工休息区进行投诉接待。

2. 有专门应对投诉人员进行投诉接待

除了需要避免在经营场所内进行投诉处理，服装店铺还需要安排专门应对投诉的工作人员进行投诉接待。专门的人做专门的事，既体现出服装品牌对待投诉的认真态度，也不影响其他导购的正常销售工作。如果考虑到人工成本无法安排专门的应对人员，可以对店铺内的导购进行投诉处理排班，做好每日投诉处理人员安排表，这样有利于店铺的日常经营顺利开展。

3. 常备一些特色小赠品

店铺日常可以准备一些作为处理消费者投诉时用来安抚情绪的赠品，这样可以在一定程度上缓和消费者的负面情绪。另外建议在赠品上印制品牌的 Logo，也可以作为一种品牌宣传。

4. 及时对投诉案例进行汇总，形成经验分享

每一次的投诉处理无论是成功的还是失败的，都应将案例进行记录，编辑装订成册，形成经验分享。这些实战经历都是宝贵的经验教训，可以借助每日例会等形式组织导购进行案例复盘、头脑风暴以提升导购投诉接待质量。

课程实训 >>>

某品牌服装卖场终端在客流高峰时段，冲进来一位女士。该女士手里拿着一件之前买回家机洗之后褪色的衣服，不顾当时很多客人在场，找到一位导购人员大声投诉想要讨个说法。

请小组同学分别模拟投诉消费者和店内接待投诉的导购，结合课程学习的投诉处理步骤及注意细节完成消费者投诉接待实操演练。

任务二　促进时尚消费行为的导购语言沟通策划

【任务描述】

选择一个服装品牌终端店铺，以消费者身份进入店铺，与店铺导购进行交流并对该品牌的导购语言沟通现状进行观察，完成分析报告及提升方案。

【知识学习】

沟通是人与人之间思想与情感的传递和反馈过程，以求思想达成一致和感情的通畅。在销售过程中，导购主要用语言与消费者产生交流与沟通。作为全世界免费的，却是效果最好的拉近人与人之间距离的秘方——赞美，可以帮助导购人员与消费者建立融洽的关系，营造积极的销售氛围，促进其更快更好地完成购买行为。在实践中，赞美通常需要遵循一些原则以确保其效果。

一、赞美的原则

（一）赞美要发自内心

赞美是一种表达欣赏的方式，可以增强人际关系和建立信任，所以赞美应该是真实且真诚的。真实的赞美指的是基于实际情况和真实感受的赞美，而不是为了取悦别人而夸大其词。当导购给予消费者赞美时，应确保是发自内心地根据对方的特点和优点来赞美，而不是简单的套路和模板。发自内心的赞美能够建立更真诚和亲密的关系，让消费者感受到导购的诚意和善意。这样的赞美不是为了迎合消费者或者追求短期的销售目标，而是基于对消费者的真实认可和感激之情。

（二）赞美要具体

赞美应该具体而明确，而不是泛泛而谈。当导购人员要赞美某个消费者时，要具体指出他身上、行为上好的方面，比如出色的外表、善良的品格等。这样的赞美真诚且容易被接受，也更加有意义。

（三）赞美要适度

适度的赞美是指在适当的时间、场合和方式下，对他人的优点和成就进行真诚的赞美。适度的赞美能够让消费者感受到真实的尊重和赞赏，增加其满意度，利于建立融洽的关系。在实际的销售过程中，适度的赞美还应该考虑到消费者的个人习惯、文化和信仰等方面，不应该随意侵犯他人隐私。过度的赞美可能会被认为是虚伪和不真诚的，从而破坏人际关系中的信任。

（四）赞美要有新意

赞美要有新意是为了增加赞美的吸引力和有效性。在导购和消费者关系中，过于陈词滥调或没有新意的赞美可能会显得枯燥而乏味。而带有新意的赞美能够更好地引起消费者的兴趣，帮助消费者增强自信心，提高消费动力。导购可以根据不同消费者的情况和喜好，设计独特的赞美表达方式，让赞美更具吸引力和说服力。同时，有新意的赞美也体现了导购对消费者的用心和关心。

二、赞美的技巧

（一）从否定到肯定

相较于平铺直叙式的赞美，从否定到肯定的赞美是一种特殊的赞美技巧，如果使用得当通常会收获非常好的赞美效果。例如：“您好，这款服装由于夸张的造型设计，之前来我们店里的顾客试穿效果都不太理想，但是今天这件衣服穿在您身上，一下子体现出了设计的美感。”

（二）赞美顾客得意的事情

当消费者有意或无意透露出他们所骄傲的事情时，导购可以借机表达对他们所骄傲事情的赞美和认可。例如消费者在闲聊过程中透露出自己的孩子考上了某知名大学，导购人员可以给予赞美：“太棒了！某某大学是国内最知名的学府之一，您儿子能考上某某大学真的是咱做父母的最大的骄傲。”

（三）请教式赞美

请教式赞美是一种巧妙的赞美技巧，通过请教的方式来表达赞美，使赞美更具有亲和力、自然、真实。这种赞美方式不仅让消费者感受到被肯定和尊重，还可以促进更深入的交流和情感链接。例如当面对的消费者拥有健康匀称的标准身材，导购不妨尝试请教式赞美：“女士，您的身材保养的太好了，身材曲线流畅又紧致，能否跟您请教有什么身材保养秘方？”

课程实训 >>>

请以小组为单位，组内每个同学结合赞美的四大原则，利用三种赞美技巧对组内其余同学进行赞美模拟演练，被赞美的同学给出反馈。

任务三　促进时尚消费行为的导购非语言沟通策划

【任务描述】

选择一个服装品牌终端店铺，以消费者身份进入店铺，与店铺导购进行交流并对该品牌的导购非语言沟通现状进行观察，完成分析报告及提升方案。

【知识学习】

上一个任务中已经学习了对消费行为有积极作用的导购语言沟通技巧，有时候除了语言能拉近人与人之间的距离外，良好的肢体语言即非语言沟通也可以达到很好的沟通效果。下面将介绍几种在销售中常见的肢体语言。

一、导购非语言沟通之微笑

微笑是交流最好的润滑剂，每一次真诚的微笑，都能让人感到亲切、愉悦。微笑也是一种强大的非语言沟通方式，在销售中扮演着重要的角色。微笑可以让人感到温暖和友好，让消费者更愿意与导购人员建立联系。它可以消除消费者的紧张和不安，营造愉悦的沟通氛围。

（一）导购微笑对消费行为的影响

1. 打造轻松氛围

微笑是一种传递友好和亲切的表达方式，可以帮助导购与消费者之间建立积极的联系。当导购微笑时，会让人感受到他们的热情和友好，这有助于消除消费者的紧张和拘束情绪，使现场氛围感到轻松舒适。

2. 传递信任感

微笑有助于建立人与人之间的信任关系。当导购面带微笑时，消费者更有可能相信他们的建议和产品推荐。微笑传递一种积极的情绪和诚意，使消费者对导购和产品产生好感，从而增加购买的可能性。

3. 提升销售能力

微笑可以提升导购的销售能力。积极的表情和微笑可以影响消费者的情绪和态度，让他们更愿意倾听导购的介绍和推荐。通过展示积极的态度和乐观的情绪，导购能够更好地吸引消费者的注意力并促使他们做出购买决策。

4. 改善消费体验

消费者的购物体验不仅包括产品本身，还包括与导购的互动。微笑是一种积极的非语言表达方式，它能够传递友好和善意。当导购微笑时，消费者会感受到积极的情绪，有助于提高消费体验。

总之，恰到好处的微笑对消费行为是具有积极影响的，它可以建立联系、传递信任、提升销售能力，并改善消费者的消费体验。

（二）导购微笑的标准

虽然微笑是一种自然而然的表达方式，每个人的微笑都有自己独特的风格。然而作为服装销售人员，导购在卖场接待消费者时露出的微笑如符合以下标准将对消费行为产生更积极的影响。

1. 笑露八齿

微笑时通常以露出八颗牙齿作为标准。露出一定数量的牙齿可以增加微笑的明亮感和开朗感，这在视觉上会给人一种愉悦和友好的印象，使微笑更加吸引人，同时也有助于表达微笑的自然和真诚。

2. 嘴角对称

嘴角对称的微笑是指两侧嘴角同时上扬的微笑表情，此时眼睛可能会稍微眯起，形成一个自然、愉悦和积极的表情。由于对称符合美学的基本原则，保持嘴角对称可以使微笑显得更加美丽和吸引人。同时人们在微笑时，嘴角的对称性表明面部肌肉的协调和放松，使微笑看起来更加真实和自然。

3. 发自内心

微笑是一种情感表达，发自内心的微笑具有独特的魅力和力量。发自内心的微笑表明了内心的真诚和喜悦。这种微笑会让人感到亲近和信任，因为它传达了积极情绪的真实性。与机械或做作的微笑相比，发自内心的微笑更能让人感到舒适和受到重视。微笑也具有传染性，当我们发自内心地微笑时，周围的人也会受到影响。

4. 微笑时机

导购可以在以下情况下展现微笑：当销售人员初次接触消费者时，微笑可以传递友好和热情的形象，也可以打破冷漠和陌生感；当导购向消费者介绍产品、解释性能或回答问题时，微笑可以增加亲和力、信任感，也传递出导购对产品的自信和积极态度，有助于消费者接受信息；当遇到消费者投诉时，导购的微笑可以展示耐心和关怀，传递出积极的态度和愿意解决问题的意愿；当导购成功促成交易时，微笑可以用来表达对消费者的感谢，并为今后的再次购买奠定良好的基础。

二、导购非语言沟通之目光接触

目光接触是关注、尊重消费者的表现，也是建立连接和信任的重要方式之一。当导购与消费者进行目光接触时，可以传达出专注和关注的态度，让消费者感到被重视和尊重，增加亲近感和信任感。正确的目光接触也可以展示导购本人的自信和专业形象。当导购与消费者进行目光接触时，传递出自信和专业的态度，可以增加导购的说服力和可靠性。

合理的目光接触区域为两个眼角和下鼻端组成的三角区域。在此区域中的目光接触可以给人以尊重感。目光的不同方向会给消费者带来不同的体验：当导购视线向下时，表现出权威感和优越感；当导购视线向上时，表现出服从与任人摆布，还容易给人以诡秘的感觉。以上两种目光方向都不适用于卖场销售服务。正确的目光方向应尽可能保持视线水平，以表现出客观、平等、和善与友好。

三、导购非语言沟通之身体语言

动作与姿势是人内在修养、思想感情的外在体现，也反映了对他人的态度。在实际卖场服务过程中，导购人员应时刻注意自己的仪态仪表，切忌出现抱膀、叉腰等不礼貌行为。

保持良好的身体语言需做到：站立直立，胸部微微抬起，双肩放松，双手自然下垂，可以使人看上去更加自信和专业；恰当的手势可以帮助导购更好地表达自己，增强说服力和表现力，同时手势可以用来强调某个产品的关键卖点；导购的形象也是身体语言的一部分，应该时刻保持干净整洁的外表，这可以让人感到舒适和信任，体现出专业和自信。

课程实训 >>>

请以小组为单位，每个同学轮流扮演导购与消费者，练习导购在与消费者沟通交流中使用的非语言沟通行为，用积极正向的非语言沟通促进消费者完成消费行为。

CHAPTER 1

项目六

影响时尚消费行为的品牌卖场方案设计

教学目标

【知识目标】

1. 了解服装店铺招牌的作用。
2. 了解三种不同类型的店门特点。
3. 了解声音、灯光、气味对消费者认知体验的影响。

【技能目标】

1. 能根据服装品牌定位，选择适合的店门类型。
2. 能分析服装店铺内的声音、灯光、气味对消费者情绪的影响。
3. 能根据服装品牌风格选择适合的店铺音乐。

【素质目标】

1. 培养学生细心观察、发现问题、解决问题的综合能力。
2. 培养学生的艺术情操，对美的欣赏能力。

任务一　影响时尚消费行为的品牌卖场陈列设计

【任务描述】

选定某服装品牌，对该品牌的风格、定位、目标人群进行分析，在此基础上分析该品牌卖场中的店铺招牌、店门设计、橱窗陈列对消费者行为的影响。

【知识学习】

将消费的过程进行划分，可以划分为购买前、购买中以及购买后三个不同的阶段，在前几个项目中已经介绍了影响时尚消费行为的生理、心理因素相关的内容，这些内容的讨论范畴通常属于第一个阶段，即消费者做出购买决策之前。在本项目中，继续讨论的影响时尚消费行为的品牌卖场陈列方案设计属于第二个阶段，即消费者在卖场内做出购买决策时所受到的影响因素，具体包括了店铺招牌、店铺外观、店铺橱窗等。

一、店铺招牌对时尚消费者的行为影响

在一些商场或商业区，当消费者想要寻找到自己要逛的服装店铺，通常第一眼是通过店铺招牌来确定目标。店铺招牌是指商店或企业门面上用来标识和展示店名、品牌标识、商标、产品信息以及其他相关信息的标牌或标识物。它通常安装在店铺的外墙或门口位置，以吸引消费者

的注意力，标识出该店铺的特色和身份。商店招牌设计是吸引潜在消费者、增加品牌曝光和塑造品牌形象的关键元素。那些具有高度概括力和强烈吸引力的店铺招牌对消费者视觉刺激和消费行为有着直接影响作用。

（一）引导与方便消费

与品牌风格一致且能突出品牌经营项目的店铺招牌可以帮助消费者轻松找到店铺位置，起到引导和方便消费者的作用。如图 6-1 中，“江南布衣 +”的招牌设计，简洁利落的门店印着醒目的品牌 Logo，简约与设计感并存，表达品牌简洁、艺术的审美哲学。同时该店铺招牌也高度概括了店铺的具体经营形式，即江南布衣旗下的多家子品牌集合店，给消费者提供了较大的引导便捷性。

图 6-1　“江南布衣 +”店铺招牌

（二）吸引注意与兴趣

一个设计精巧的招牌能够在繁忙的街道上引起人们的注意，吸引潜在消费者进入店铺、增加客流量，并为品牌销售创造机会。招牌上突出主题、品牌风格与文化的内容设计往往可以激发进店探索欲望，提升消费者对产品或服务的兴趣（图 6-2）。

图 6-2 A PERSONAL NOTE 店铺招牌

（三）加强记忆传播品牌形象

店铺招牌是塑造品牌形象的重要元素之一。通过招牌的设计风格、颜色和字体等，可以传达出品牌的个性、风格和价值观，帮助建立独特的品牌形象。同时一个有特色的招牌设计可以使品牌在竞争激烈的市场中突显与众不同，帮助顾客记忆和辨认品牌（图 6-3）。

图 6-3 ICICLE 之禾店铺招牌

二、店门设计对时尚消费者的行为影响

按照开放程度，店门设计通常被分为三种，即全封闭式店门、半封闭式店门、全开放式店门。

（一）全封闭式

即开放度较小的店，临街的一面通常采用橱窗或有色玻璃做遮蔽。这类店铺主要经营单价比较高的贵重商品。由于这类店铺往往品牌定位较高，目标客户群的数量也有限，因此不需要通过加大入口尺寸的手段来增加人流量。相反通常会采用尺寸较小的入口设计来彰显品牌的格调与档次，给人庄重高贵的心理感受。也正是由于全封闭式设计，易营造一个安静、舒适、典雅的购物环境，让消费者放松心情的同时产生心理优越感，感受到品牌带来的周到细致服务，从而增加对品牌的认同感。另一方面，全封闭式的店门设计无形中也会使目标客户以外的消费者产生一种心理上的压力，不会随意进入店铺（图 6-4）。

图 6-4 全封闭式店门示例

买手集成店 CHOCLAB①

一些特立独行的时尚买手店也倾向于选择这种全封闭的店门形式。位于杭州市拱墅区的买手集成店 CHOCLAB（图 6–5），集艺术、时尚、生活方式为一体。银色金属质感的全封闭外立面，远离闹市的选址，外加常年紧闭的大门，必须通过专属线上平台进行预约，贴身管家的精致服务体验，这种人为的神秘感吸引了慕名而来的消费者，目标客户相对比较明确。店铺内部也是一样具有神秘感的设计，采用太空舱的设计主题，搭配宇航材料。一楼像是美术馆风格，几何线条交错。具有创意的人脸货架，传达着服装和人的密切联系。从电子屏后的楼梯上楼能看到太空主题的二楼买手店，不论是定制的人形雕塑货架，还是错位的珠子，都让人仿佛置身在科幻电影一般。常驻欧洲的买手团队几乎把当下的潮流尖货直接搬上货架，通过买断的方式更是与许多设计师达成了深度合作，因此你能在此买到许多难买的国外服饰产品，能看到许多明星同款，这里简直就是潮人们的天堂。

图 6–5　全封闭式店门示例

① CHOCLAB 简介 [EB/OL].http://www.chinasspp.com/brand/171885/.

（二）半封闭式

半封闭式店门通常入口大小适中，人们从街上就能透过玻璃橱窗大体了解店铺的内部布置。整体上给人以明亮清新的感觉，店门的设置也方便出入，可以通过店铺内部的商品陈列来吸引消费者入店。这种类型的店铺一般会在入口两侧设置 2 到 3 个透明橱窗，展出店内正在推广的服装商品。这种设置的好处是方便进出浏览，同时营造好的气氛，给人以安静舒适的感受，有利于购买行为产生。这类型门店相对于全封闭式店门，可适应于较大客流量服装店铺（图 6-6）。

图 6-6　半开放式店门示例

（三）全开放式

全开放式店门是指那些临街或通道的位置全部开放、出入口开口设计大且往来的消费者可以清晰看到店铺内部场景的店门。全开放式的店门设计通常适应于中低价位、客流量大的服装店铺，如某大众儿童休闲品牌（图 6-7）。由于该类型品牌的服装单件利润率不高，大多依赖于服装商品的跑量销售来达到盈利目标，因此需要较大的人流量作为销售支撑。同时敞开式的入口设计会让消费者不受任何阻碍、出入自由，心理上也会比较轻松自在，有利于消费者接收来自商品的刺激。它的设计缺点是服装商品易丢失、较难管理。

图 6-7　全开放式店门示例

三、店铺橱窗对服装消费者的行为影响

橱窗是店铺外部的一个展示窗口，位于店铺的正面或侧面，面向街道或人流密集的区域。橱窗通常采用玻璃或其他透明材料围合而成，用于展示商品、吸引顾客和促进销售。橱窗中通常会陈列精选的商品，通过创意的陈列方式、灯光效果、装饰和标识等手段来展示商品的特色和优势。橱窗的设计和陈列可以根据季节、主题或特定活动进行调整，以吸引顾客的注意和增加购买欲望。

橱窗在现代零售业中扮演着非常重要的角色。它是店铺与潜在消费者之间的第一道视觉接触。如果把整个店铺比作是一本书的话，橱窗则是这本书的封面，它将在很大程度上决定消费者是否驻足、是否进店。

（一）唤起注意，引发关注

人们在商场漫步时目光常常游离不定，有的是有目的的消费，有的是没有明确目标的闲逛，而橱窗的设计艺术美感可以唤起注意力，充分引发消费者关注。知觉的选择性也充分体现在橱窗的作用上，即在面对众多服装品牌店铺的时候，会让人们感知到的事物通常是消费者本人感兴趣的内容，或者是事物本身有足够强烈的刺激性。由此可见，那些充满设计美感、给消费者以艺术享受的橱窗，可以大大刺激大脑的感知系统，让消费者在大量纷繁的信息中注意到品牌信息。例如，每逢大型促销活动期间，商店橱窗总是利用醒目的颜色或夸张的陈列来吸引消费者注意，向来往的消费者传递出品牌折扣信息、吸引消费者进店选购（图 6–8）。

图 6–8 橱窗示例（1）

（二）展示特色商品，进行场景暗示

一般而言，橱窗里陈列的都是品牌的当季主打产品或者经典产品，以此来吸引目标消费者。另外还可以通过营造相关产品使用的情景布置，无声地暗示消费者本品牌商品适应的使用场景，与消费者建立情感共鸣、营造购物氛围，以激发美好联想进而促进消费（图 6–9）。

图 6–9 橱窗示例（2）

（三）保持新鲜感，满足好奇心

感觉的适应性解释了人们的大脑如果长期被同一事物刺激，久而久之这种刺激会渐渐消退，而只有不断产生新的刺激，才能对大脑持续产生影响作用。遵循此原则，如果店铺橱窗长时间保持不变，消费者可能会对其失去兴趣，降低关注度。通过定期更新橱窗陈列，如暗示季节变化等，可以维持消费者的新鲜感，引起他们的注意、兴趣与好奇，增加进店的欲望（图 6–10）。

图 6–10　橱窗示例（3）

（四）展示设计艺术，满足求美心理

橱窗设计要适应消费者的审美趋势，可以运用丰富的艺术手段融入艺术元素和创意构思。明亮的色彩、有趣的形状和夸张的摆放都可以创造出独特和令人印象深刻的视觉效果。一个引人注目、独特而美观的橱窗设计能够快速吸引消费者的目光，加深消费者的视觉冲击，满足消费者的求美心理（图 6-11）。

图 6-11　橱窗示例（4）

【知识测试】

一、单选题

1. 以下哪个选项属于店铺招牌对服装消费者的行为影响？（　　）

A. 引导与方便消费

B. 吸引注意与兴趣

C. 加强记忆传播品牌形象

D. 以上全是

2. “这类店铺易营造一个安静、舒适、典雅的购物环境，让消费者放松心情的同时产生心理优越感，感受到品牌带给他们周到细致的服

务”请问以上描述的是哪种店门类型？（　　）

A. 全开放式　　B. 全封闭式　　C. 半封闭式

3. “这种类型的店铺一般会在入口两侧设置 2 到 3 个透明橱窗，展出店内正在推广的服装，这种设置的好处是方便进出浏览，同时营造好的气氛”请问以上描述的是哪种店门类型？（　　）

A. 全开放式　　B. 全封闭式　　C. 半封闭式

二、判断题

1. 全开放式的店门设计通常适应于中低价位、流量大的品牌店铺。（　　）

2. 全封闭式店门会使目标客户以外的消费者产生一种心理上的压力，不会随意进入店铺。（　　）

3. 感觉的适应性告诉人们如果大脑长期被同一事物刺激，久而久之这种刺激会渐渐消退，遵循此原则，品牌需要通过定期更新橱窗陈列，来持续吸引消费者。（　　）

课程实训 >>>

每位同学挑选 1 个服装品牌，对该品牌的风格、定位、目标人群进行分析。在此基础上对该品牌店铺的店铺招牌、店门设计、橱窗陈列拍照收集，分析其对消费行为产生的影响，并提出提升建议。

任务二　影响时尚消费行为的品牌卖场氛围设计

【任务描述】

选定某服装品牌，对该品牌的风格、定位、目标人群进行分析。在此基础上分析品牌店铺内的声音、气味、灯光对消费行为产生的影响，并提出提升建议。

【知识学习】

一、影响时尚消费行为的品牌卖场声音

声音对消费行为有着重要的影响，它可以在购物环境中引起人们情绪波动、塑造品牌形象以及打造店铺销售氛围。服装品牌卖场终端内的声音包括店内播放的背景音乐、导购人员的语言、广播里的提示音等。那些符合品牌调性的背景音乐可以为品牌吸引适合的消费者进店逗留并延长其在店的时间。一项关于店铺背景音乐对消费行为的影响的研究报告指出：不同的背景音乐会影响人们对逗留时间长短的感知。当人们听到喜欢的、悦耳的音乐时，会不自觉地愿意多加停留，脑海里也意识不到时间的飞逝。通常来说慢节奏背景音乐会使消费者在店内产生较慢的步伐、较长的停留时间和较高的消费金额。很多中高档服装品牌在播放背景音乐时，倾向于选择节奏较为舒缓的音乐，传达一种舒适感和优雅感，营造平静而放松的氛围。相反，快节奏的音乐会加快消费者的浏览、消费速度。这也是为什么每逢打折季，服装店铺内的音乐节奏总是

比较动感，这种快节奏的音乐会给消费者造成一种“来不及”的感觉，起到心理暗示效果，在不知不觉中催促着消费者加快速度浏览、试穿。在ZARA的打折季，店铺的音乐不仅节奏快，而且音量也比其他快时尚店铺的更大。有消费者对此表示：“在试衣间里试衣服时，听到这样的音乐，让人只想赶快买好，赶快走。”

案例拓展

店铺播放的背景音乐暗藏购买诱因①

听觉，是商业地产最容易忽略的因素。试想一下，一个死寂的商场，又或者是一个乡村电音满载的商场，会有顾客吗？人们肯定无法在放着重金属音乐的咖啡馆里度过一下午，也不忍在反复播放网络神曲的女装店逗留太久，对于百货店、品牌店来说，背景音乐俨然成为改变消费行为的重要密码。

事实上，很多时尚品牌在店铺的音乐背景上是颇为讲究的。

一走进H&M的店铺，就可以听到背景音乐，总体来说音量很轻，投入购物的人们甚至不会察觉到背景音乐的存在，播放的音乐以英文流行乐为主。H&M的背景音乐可不是店长随心所欲就能播放的，每个月，瑞士总部都会统一各个门店的“歌单”。所以，两名身处北京门店和杭州门店的消费者，他们听到的背景音乐很可能会是一样的。

当走进同样是快时尚品牌的ZARA，一进店铺就能明显感觉到ZARA的店铺音乐更为动感，也以英文歌为主，但风格多变，有时是爵士歌曲，有时是摇滚乐。与H&M一样，ZARA的店铺音乐也由西班牙总部直接掌控，欧美流行音乐榜单是他们的最爱。

有别于上面两个快时尚品牌，在来自日本的主打休闲风的快时尚品牌优衣库（Uniqlo）门店内，人们能够听到轻松明快

① 蓝海风中心.店铺播放的背景音乐其实暗藏购买诱因[EB/OL].https://mp.weixin.qq.com/s/cZBb_eyhPqwlCX0meQzPkQ.2015-09-06.

的背景音乐。有时，店员会播报广播，背景音乐就会渐弱下去但不会消失，播报结束后，音乐渐强。据 Uniqlo 的工作人员表示，Uniqlo 将之后根据每月的不同主推商品，来播放不同的主题音乐。例如，八、九月主推商品为运动衫、牛仔裤和法兰绒衬衫，那么店铺就会根据这些主推商品的特点制作和准备相关的主题音乐。

同样来自日本的无印良品（MUJI），该品牌的背景音乐在很多文艺青年中广受好评。置身于一片亚麻、纯棉、原木制品的素净环境中，耳边是清新自然的小乐曲，或轻快，或舒缓，让人不由自主地沉浸到一个由 MUJI 打造的清新、质朴的世界里。据店员介绍，为了给顾客营造一种轻松的氛围，MUJI 的背景音乐是由世界各地的民谣精心挑选出来后改编而成。

音乐具有极大的情绪感染力和情感传达功能，在一个高雅或是清新的服饰店里，是区分品牌和定位最有力的武器。顾客如果能听到与店铺及商品风格相同、情调一致的音乐，一定会感到非常惬意，自然就会多停留一些时间，这对于店铺的意义是非常大的。

我们知道那些符合品牌调性的音乐可以为品牌吸引适合的消费者进店逗留并延长在店时间。有时候一些特立独行的时尚品牌也会利用那些“特别”的声音来达到品牌的营销目的。例如，来自美国的休闲服饰品牌 Abercrombie & Fitch 非常重视感官营销。品牌采用听觉、视觉、嗅觉来多方位刺激消费者。与上述的品牌店铺声音案例不同的是，在 Abercrombie & Fitch 品牌店铺里总是用 90 分贝的音量播放着当下的流行音乐，这个音量相当于电锯在持续锯动的声音。品牌的目的是吸引年轻人，顺便“赶走”那些年长的人，通过这种方式使终端卖场始终保持年轻、新锐、时尚的形象。通过赶走年轻人的父母，也使年轻人远离了那些建议他们理智的声音。

当然，卖场声音绝大多数时候还是用来提升消费者感知和体验的，为消费者创造更为舒适惬意的购物享受。在日本伊势丹百货，每当下雨时会有轻柔的广播声音提醒商场内的顾客外面开始下雨了。而正在忙碌的导购人员在听到提示广播后也会为顾客购买的商品提供塑料防水套。当雨停了，商场内部也会通过播放轻柔的音乐来给出提醒。

二、影响时尚消费行为的品牌卖场气味

国际品牌大师马丁·林斯特龙指出："当我们嗅闻某样东西，鼻子中的气味接收部位会开辟出一条畅通无阻最短的道路直达大脑的边缘系统，而这一处刚好是控制情绪、记忆与幸福感的区域。于是在闻到气味的几微秒之间，直觉反应就大爆发了。"

在所有感觉记忆中，嗅觉是最敏感的，也是与记忆和情感联系最密切的感官。这是一种凭直觉反应的感觉，不像视觉与听觉，需要借助大脑的理解与分析。据研究数据表明，人的鼻子可以记忆高达一万种气味，而且嗅觉记忆的准确度比视觉高一倍。人们回想一年前气味，准确度为65%，然而回忆三个月前看过的照片，准确度仅为50%。人们在很早之前就发现了气味的营销价值，不过由于味道不如其他感官这么明显而张扬，气味营销也一直隐隐地环绕在人们的身边。不同品牌的气味也像标签一样，根植在人们的大脑中。像知名连锁咖啡品牌星巴克、高档星级酒店、Louis Vuitton这类奢侈品牌其实一直都是气味营销的高手，他们善于在不同消费场景中寻找与人们感官联结的机会。因为相较于视觉与听觉，嗅觉永远开放，人们可以轻松闭上双眼或转移视线以避开视觉广告信息，而嗅觉不能主动关闭，所以在日常的消费过程中，人们很容易意识到自己听到的、看到的是广告，却没有发现自己闻到的气味也是一种隐性广告。曾经有一项实验是将两双款式、颜色、尺码都相同的耐克球鞋分别放在两个相同布置的房间内，其中一个房间喷洒了香水，另一个房间没有喷洒香水。然后让人们对这两双鞋的价格进行评估。实验结果表明，人们对放在有香味房间的耐克球鞋估价高出放在另一个没有香味房间的耐克球鞋几十美元。由此可见，利用正面的气味有助于提升消费者对商品及品牌的价值感知。

商场中的气味直接影响消费者在商场中的购物体验，保持清新适

宜的气味有助于激发消费者积极的购物情绪和舒适愉快的心理感受。反之，则会引起消费者的心理反感，对其消费行为必然产生消极影响。

A&F 店内香氛味过重遭投诉①

导语：据英国《每日电讯报》报道，近来有大量顾客反映，该店内过于刺激的香氛味易让人心情烦躁。因此，Abercrombie & Fitch 决定降低店内香氛浓度。

“不见其影，先闻其香”——美国休闲服饰品牌 Abercrombie & Fitch 在这方面可称一绝。该品牌因其店内标志性的古龙水香味而广为人知。然而，据英国《每日电讯报》报道，近来有大量顾客反映，该店内过于刺激的香氛味易让人心情烦躁。因此，Abercrombie & Fitch 决定降低店内香氛浓度。

作为一种销售手段，Abercrombie & Fitch 在专卖店内喷洒大量的标志性古龙水 Fierce，在销售服饰之余，亦附赠了不少馥郁芳香。然而，Abercrombie & Fitch 的零售商们近日却需要考虑将香水瓶盖拧上。不少顾客反映，Abercrombie & Fitch 店内长期充斥着令人无法思考的喧嚣音乐以及让人眼花缭乱的灯光，加之店内 Fierce 古龙水气味过于浓烈刺激，使人离店后往往头痛欲裂。据了解，Abercrombie & Fitch 的此款香氛掺有大量麝香，这会对人们大脑产生强烈刺激。如若将其喷洒在密闭的空间里，气味会使人变得焦虑暴躁。

气味营销不仅仅被广泛应用在终端购物场所，越来越多的服装品牌也积极将其使用在服装商品上，为消费者创造别样的穿着体验。

---

① 环球网 .A&F 店内香氛味过重遭投诉 [EB/OL].http://fashion.sina.com.cn/s/fo/2014-06-05/1239/doc-ianshist5765121.shtml.2014-06-05.

案例拓展

城野医生 × 伊芙丽共创首款 Labo 橙香黑科技 T 恤①

日本著名医学美容品牌城野医生联动国内女装品牌伊芙丽在天猫超级 CP 日爆出了一款前所未见的逆天产品，一经推出就成了七夕爆款。据了解，本次城野医生与伊芙丽携手打造的跨界产品是一款 Labo 橙香黑科技 T 恤（图 6-12），这款衣服拥有护肤的功能，并有“橙香”的韵味，可谓极具想象力，非常契合年轻一代消费群体追求新鲜“潮品”的心理。能够创作出如此天马行空的产品，离不开城野医生一直在突破品牌想象力的追求，比如城野医生一款 Labo 水由于添加了橙皮油，闻起来像橙子的味道，自推出以来就成为备受年轻人喜爱的明星产品。而伊芙丽也因其呈现的优雅自信的品牌风格，受到了无数年轻女性消费者的追捧。因此，两大品牌基于自身的市场优势以及对年轻消费者们爱追求新鲜和品尝趣味的深刻洞察，特意在七夕节这个充满“关爱”的日子里，推出了助力单身人士脱单、增加情侣们爱意的七夕 CP 爱心礼盒，而礼盒里面则蕴含着一个逆天黑科技——Labo 水味道的 T 恤，让你穿上它就能感受满身的橙香！

图 6-12 城野医生 × 伊芙丽橙香黑科技 T 恤

① 阿娱聊八卦 . 城野医生 × 伊芙丽共创首款 Labo 橙香黑科技 T 恤 玩转天猫超级 CP [EB/OL].https://k.sina.cn/article_6427953417_17f22c90900100aslh.html.2018-08-16.

三、影响时尚消费行为的品牌卖场灯光

卖场终端柔和、明亮的灯光，可以凸显服装商品的款式、面料、造型设计，吸引并引导消费者进入到卖场终端的各个区域。通过照明设计和灯光效果来提升卖场的视觉吸引力、创造氛围和增强消费者的购物体验。

（一）基本照明

基本照明是指为卖场提供充足、均匀且真实的照明，以确保进店的消费者能够清晰地看到服装商品的细节和特点，提供舒适的购物环境。恰当的基本照明设计可以促进产品展示和吸引顾客的注意力（图6-13）。

图6-13　门店基本照明示例

（二）特别照明

特别照明是指那些用来凸显产品的特点和优势的卖场照明。通过巧妙的灯光设置，可以强调服装商品的细节、质感和色彩，从而增加服装的吸引力和销售潜力（图6-14）。

图 6-14　门店特别照明示例

（三）装饰照明

装饰照明是指用于装饰和提升室内或室外空间美感的照明设计。与基本照明不同，装饰照明注重通过独特的设计和艺术性，创造独特的卖场氛围，突出特定区域，并为空间增添美感和视觉吸引力。选择适当的装饰照明方案应该与整体卖场设计风格和服饰形象相协调，创造出令消费者赏心悦目的视觉效果（图 6-15）。

图 6-15　门店装饰照明示例

对卖场终端而言，灯光是非常重要的影响消费者行为的因素之一。杂乱无章、刺眼的照明设计会让消费者望而却步。合理的卖场陈列布局，配合优质的灯光效果，能够赋予终端卖场特定的品牌文化与形象内涵，加深消费者对品牌的印象与信任，从而形成正向的消费行为。

案例拓展

优衣库灯光所营造的色彩效果[①]

光线和色彩是一对创作空间氛围的重要因素，光线和色彩的变化引起空间气氛的变化，灯光已经从单纯的照明功能上升到了具有装饰功能的艺术上。

灯光在室内能够很好地烘托气氛，可以提升服饰卖场的审美品位，根据服装的特色来进行灯光的设计，能够改变空间带给人的感受，明亮的灯光给人清新感，昏暗的灯光给人神秘感。灯光的设计是一个立体的设计工程，空间带给人的感受可以利用光线来表达，灯光亮度高，空间就显得宽广。优衣库作为一家综合性的服装卖场，需要实现宽广的卖场效果，除了考虑实际店铺面积的大小外，还根据自身卖场的需求，采用了和基本色调一致的白色日光灯作为基础光源，既使得店内色调保持统一，又使得店铺的光线得到延展。

优衣库的卖场采用了了冷光源的射灯（图 6–16），在 Logo 上用了从后部照明的方式，用白色日光灯效果配合红色的 Logo。这样的灯光设计主次分明，效果突出。和其他渲染五彩斑斓的气氛与视觉效果的店铺不同，优衣库打造的是方便快捷、简约的风格，辅助照明主要集中在主打季节产品上，采用暖光照明，在基本是白色背景和冷色光源的照射下，色彩冷暖关系得到了体现。

优衣库服装卖场围绕品牌理念在色彩的运用上干净整洁，主次分明，很好地烘托了卖场氛围。针对消费者心理，采用了适合

① 宋姗 . 浅析优衣库服装卖场的色彩运用 [J]. 大众文艺，2012（9）.

大众化的、简洁的色彩设计，突出展示出服装本身的特点，通过隐喻的艺术化的处理方式将商品的特点传达出来，使顾客能够更好地理解品牌的文化魅力。

图 6-16　优衣库卖场灯光

【知识测试】

一、单选题

1. 每逢打折季，为了起到心理暗示效果，在不知不觉中催促消费者加快速度浏览、试穿，服装店铺内的音乐应该选用以下哪种节奏？(　　)

A. 动感　　　　B. 舒缓　　　　C. 悠扬

2. 在所有感觉记忆中，以下哪个感官是最敏感也是与记忆和情感联系最密切的？(　　)

A. 味觉　　B. 嗅觉　　C. 视觉　　D. 肤觉

3. “为卖场提供充足、均匀且真实的照明，以确保进店的消费者能够清晰地看到服装商品的特点和细节，并提供舒适的购物环境”请问以上描述的是哪种灯光类型？（　　）

A. 基础照明　　B. 装饰照明　　C. 特别照明

二、判断题

1. 很多中高档服装品牌在播放背景音乐时，倾向于选择节奏较为舒缓的音乐，传达一种舒适感和优雅感，营造平静而放松的氛围。（　　）

2. 相较于视觉、听觉，嗅觉永远开放，人们可以轻松闭上双眼或转移视线以避开视觉广告信息，但是嗅觉无法主动关闭。（　　）

3. 合理的卖场陈列布局，配合优质的灯光效果，能够赋予终端卖场特定的品牌文化与形象内涵，加深消费者对品牌的印象与信任，从而形成正向的消费行为。（　　）

课程实训 >>>

每位同学选择一个服装品牌，对该品牌的风格、定位、目标人群进行分析。在此基础上对该品牌卖场中的音乐、灯光、气味等氛围因素进行调研，分析这些氛围因素对消费行为的影响，并提出相关提升建议。

CHAPTER 7

项目七

影响时尚消费行为的品牌营销方案策划

教学目标

【知识目标】

1. 了解价格的心理机制。
2. 了解消费者的价格心理。
3. 了解消费者的价格判断途径及影响因素。
4. 了解商业广告的基本原则。
5. 了解商业广告对消费行为的影响。

【技能目标】

1. 能根据消费者的价格心理进行商品定价。
2. 能策划商品暗涨价与暗降价。
3. 能根据不同的营销目标策划服装商业广告。

【素质目标】

1. 培养学生细心观察、发现问题、解决问题的综合能力。
2. 培养学生的创新思维和与时俱进的研究探索精神。

任务一　影响时尚消费行为的品牌价格策划

【任务描述】

选择一个服装品牌，对该品牌的风格、定位、目标人群进行分析，在此基础上对该品牌的定价策略进行分析，并研究该定价策略对时尚消费者行为的影响。

【案例导入】

服装设计专业毕业的小王经营着一家原创女装设计网店。网店刚起步规模不大，从款式设计到制作再到上架销售，小王都亲力亲为参与其中，费了不少心血。去年夏天店里有一款原创设计的连衣裙在被一位穿搭博主买去后分享在社交媒体上，一下子吸引了不少买家。该连衣裙的成本 120 元，线上售价 229 元，在一个月里卖出了 300 件。眼看着这款有成为“爆款”的趋势，小王赶紧向工厂追单了 500 件。没想到一个月后随着热度逐渐消去，外加同行制作了同款、更低价的连衣裙竞争销售，导致小王的店销售量明显回落，在接下去两个月里一共只销售了 200 件。眼看着季节更迭，夏装销售越来越滞缓，小王心里很着急，遂降价到 199 一件，可是销量还是不太如人意。有人建议他降价到 120 元成本以内，被小王拒绝，在他看来如果低于成本价销售，就是卖一件亏一件。就这样转眼来到秋季，小王这款期待中的“爆款”连衣裙还剩下 200 件左右的库存被积压在仓库不知道该何去何从。

请思考：小王做的对吗？服装商品的最佳降价时机有哪些？

【知识学习】

一、商品价格的含义

商品价格是指商品或服务在市场上所对应的货币价值，也是消费者购买商品或服务时需要支付的金额。商品价格是交换商品或服务的一种衡量标准和交易手段。它是市场经济中货币交换的基础，反映出商品供求关系、生产成本、市场竞争等因素的影响。

二、价格的心理机制

商品价格与消费者行为之间存在着密切的关系。价格是决定消费者是否购买的一个重要因素，它可以对消费者的购买行为产生直接或间接的影响。这种人们在购买决策中对价格所产生的相应心理反应和影响即价格的心理机制。

（一）衡量商品品质和内在价值

在日常生活中，人们用价格作为尺度和工具来认识商品。消费者通常认为价格较高的商品可能具有更好的材料、工艺、性能等属性，从而与高品质关联。老话中的“一分钱，一分货”就是这种价格心理的生动反映。然而有时候商品的价格可能并不完全反映其实际品质和内在价值。由于商品信息的不对称性和消费者购买行为的非专业性，消费者有时无法真正了解商品的实际优劣与价值。

（二）自我意识比拟

价格不仅被用来衡量商品品质和内在价值，价格在某些消费者心目中还具有反映自身社会价值及经济地位高低的社会象征意义。在一些情况下，人们可能会购买高价商品，以展示自己的经济实力和社会地位，或者购买与其社交圈中的其他人相匹配的商品。价格的高低可以被视为一种象征，反映了个人的自我认同和对外界的表达。

案例拓展

一位青年服装设计师在日本的两次经历[①]

曾经有一位很有才华的青年设计师，他将服饰上传统的古典图案变化革新为现代艺术，精美与典雅并存、秀丽与大方共有。他设计的服装很受妇女的青睐，有不少国外游客慕名而来。一次一位日本游客与年轻的设计师交谈，建议他把这种服装拿到日本去销售。第二年，这位青年设计师带着他设计的服装来到了日本，并举办了一场颇具规模的时装展示会。许多日本上流社会的妇女应邀光临，但令其大失所望的是并没有人愿意购买。年轻人困惑之余，请来日本专家进行咨询。专家说道："你的问题出在价格上，你把价格定得太低了，这些上层社会的妇女如果买了便宜货穿在身上，如有人问起，她们就会感到脸上无光。"设计师闻言回国重新设计，再次拿到日本展示时将服装标价大大提高，这一次他的服装受到异常的欢迎，几天内便销售一空！

（三）调节消费需求

价格在市场经济中扮演着调节消费需求的重要角色。价格的变化可以对消费者的购买决策和需求产生直接影响。通常情况下，价格上涨会降低消费者对商品或服务的需求，而价格下降则会促使消费者增加对商品或服务的需求。这是由于价格与商品的供需关系密切相关。但是有时价格变动的结果可能使需求曲线向不同方向发展，例如商品价格上涨时，会使消费者产生紧张的心理，认为未来价格将持续上涨，从而增加

---

① 折扣女装加盟 . 服装定价的两种重要方法介绍 [EB/OL].http://www.tyfs.cn/qiye/2014_03_21_196.html.

需求；反之则认为价格将持续下降，降低了消费需求。通常来说，消费者对某种商品的需求越强烈、越迫切，对价格的变动就越敏感。

案例拓展

价格狂飙的香奈儿，奢侈品正在玩“反向促销”？①

最近一个月，香奈儿（Chanel）频频登上微博热搜，据杭州大厦总经理日前透露，Chanel 杭州大厦店去年销售额高达 18 亿元人民币，日均销售额为 500 万元，引发广泛关注。

3 月以来，奢侈品牌香奈儿在全球范围内迎来了 2023 年的首轮涨价。就国内市场来看，本轮涨价涉及包括 Classic、2.55、Boy 等在内的多个经典热门包款，涨幅在 6000 至 10000 元不等。而香奈儿门店前大排长龙的架势（图 7–1），越涨越买的消费者，与股市投资“买涨不买跌”的架势，如出一辙。

图 7–1 香奈儿门店前排队的消费者

据业内人士称，本次调价可能受成本上升、通货膨胀、国际利率变化的影响。显然，对奢侈品品牌而言，成本上涨并非驱动

① 板栗 . 价格狂飙的香奈儿，奢侈品正在玩“反向促销”？ [EB/OL].https://mp.weixin.qq.com/s/bGLNQNSyq3W2XCIoiKOUuQ.2023–03–14.

价格的关键。通常来说，奢侈品的成本在 10% ~ 20% 左右，占比不高，同时奢侈品牌也不会因为产品卖得好，就盲目扩大生产，而是尽量保持甚至制造稀缺，维持高价。

事实上，每年提价，既是奢侈品行业惯例，也是行业独特的销售策略。以香奈儿为例，这次涨价绝非什么百年未有之现象，而是常态——香奈儿每年调价两次，每次幅度在 10% 左右，热门款及价格较昂贵的款式涨幅通常较高（图 7-2）。

图 7-2　香奈儿 Classic Flap 大号 2023 年中国官网价格

奢侈品涨价，除了能够提高客单价、撬动收入增长，还能让钱更早地被纳入囊中。明知迟早会涨，还不如早买早享受，在此暗示之下，消费者的购物欲被进一步激发，而买包也悄悄从“消费”转移到“投资”赛道。买包不再是败家消费，更是一种明智的家庭投资。越涨价，越排队，越排队，越涨价，形成奢侈品反向促销的完美闭环。

三、消费者的价格心理

消费者的价格心理是指消费者在购买过程中对价格刺激的各种心理反应及其表现。消费者的价格心理受到多种因素的影响，消费者的个人价值观、生活方式和偏好都会影响他们对价格的态度和心理反应。同时，客观现实情况包括销售现场的环境、销售人员的服务质量等也对消费者的价格心理有直接影响。分析消费者的价格心理，既有利于企业及时把握消费者面对价格时的反应，从而制定相适应的营销策略，也可以帮助消费者更好地理解商品定价背后的原因，有助于实现更明智、理性和满意的购物体验。

（一）习惯性价格心理

由于消费者长期、反复购买某些商品及对价格的反复感知，形成了消费者对某些商品价格的习惯心理。这种心理一旦形成，就会对消费者购买行为产生直接影响，并会以此成为衡量同类商品价格高低的重要参照标准。消费者对许多商品价格的习惯性认识，往往会形成一个价格范围：如果商品价格超过上限，就会被认为定价过高；如果价格低于下限，消费者则会对商品的质量产生担忧、怀疑情绪；如果价格符合消费者的习惯认知，在上限与下限之间，消费者则容易产生信任及认同感。例如经常光顾某服装品牌的忠实消费者，在前期的多次购买中已经产生了该品牌的T恤定价是200—300元之间的习惯性心理，当他再次光顾时看见一件定价500元的T恤，会觉得定价很高，不太能接受；反之如果看见一件定价50的T恤，则会产生“是不是有质量问题”的猜测疑虑。这就要求企业对于超出习惯性价格范围的商品的价格调整一定要慎重，尽可能将调价幅度限定在消费者可接受范围内，同时做好宣传解释工作，以求得消费者理解。

习惯性价格心理在消费者购物行为中发挥着重要的作用。它可以影响消费者对价格的感知、价值判断和购买决策。对于企业来说，理解消费者的习惯性价格心理是制定商品价格的重要依据（图7-3）。

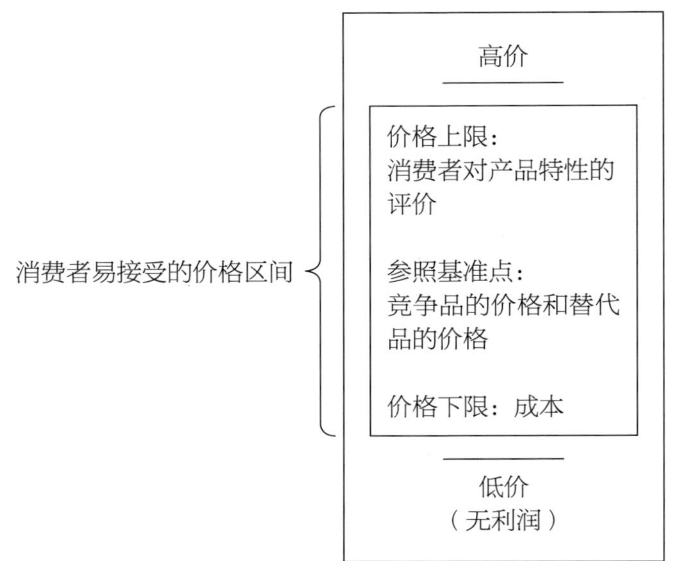

图 7–3　消费者习惯性价格心理

（二）敏感性价格心理

敏感性价格心理是指消费者对价格变化的敏感程度和对价格变化所产生的心理反应。由于商品价格的高低及其变动直接关系着消费者的切身利益，所以一般而言消费者对价格是较为敏感的。对于那些与消费者日常生活密切相关的商品价格，特别是需求弹性系数较小的商品，如食品、蔬菜，消费者的敏感性较高。而一些高档商品，如名牌包，即使与上一季相比涨价了上千元，消费者可能也不太会计较。由此可见，价格敏感性的高低与商品原价的高低有直接关系。价格越高的商品，要使消费者对其价格变化产生反应的价格差异量就越大；反之，则越小。消费者的价格敏感性往往和经济水平成反比，一般来说，经济水平较低的消费者敏感性较高，而经济水平较高的消费者敏感性则较低；另外消费者对商品信息的掌握程度往往与消费者敏感性呈正向关系，即商品信息掌握程度越高的消费者对价格越敏感。基于以上原因，企业在对敏感性较大的商品调价上，幅度不宜过大，同时应该选择好调价时机，以避免引起消费心理过度反应。

（三）倾向性价格心理

倾向性价格心理是指消费者在购买商品或服务时，对价格所表现出来的倾向或反应。对于不同类型的商品，消费者会出现不同的倾向性。一般来说消费者对于耐用商品的购买倾向表现为：追求档次高，质量优，不计较价格高低，甚至以高价为好；对于大多数日用小商品的购买倾向表现为：重实用、求低价、不过多追求高档次，对质量要求适中；对于奢侈品的消费可能出于求名等心理动机或保值的消费观念倾向于追求高价位，这种价格倾向性还会形成消费者的主观偏误，如奢侈品的定价如果偏低会引起消费者对其质量、性能的疑虑。消费者倾向性价格心理的形成，主要与消费者的收入水平、生活环境、个性心理、消费偏好及对价格的知觉理解有关，同时也受到当下对商品的需求程度、主观意愿的影响。

（四）感受性价格心理

感受性价格心理是指消费者对商品价格及其变动的感知强弱程度。消费者对商品价格高与低的认识不完全基于某种商品价格是否超过或低于他们认定的价格尺度，他们还根据商品本身的外观、质感、包装、环境等来判断，或与同类商品的价格进行比较，以及购物现场的不同种类商品的价格来比较。例如在知名的快时尚品牌优衣库的门店内，类似的商品优衣库经常会提供 3 个或更多的价位选择。以优衣库 HEATTECH 系列保暖内衣为例，普通款 99 元，E×TRA 款 199 元，ULTRA 款 249 元，三者款式类似，却覆盖了三个价格档位。199 元一件保暖内衣，单看会感觉有点贵，可是在 249 元的对比下，就不显得贵了。很大一部分的消费者喜欢“折中”，会认为选择中间价格是一种比较安全的做法，至少它质量不是最差的，价格也不是最贵的。追求高性价比的消费者会选择 99 元的普通款保暖内衣，而另一部分追求高品质的消费者自然会购买 249 元的高价款。

四、消费者的价格判断

（一）消费者的价格判断途径

1. 与市面上的同类商品进行比较

消费者会将当前价格与市面上同类商品的价格进行比较，以确定当前价格的合理性。这种与同类商品比较的方法最为直观、明了，且被普遍使用。

2. 与同一销售场所的不同商品进行比较

与爱马仕店铺中动辄上万元甚至几十万的包袋相比，同是爱马仕店铺内出售的从设计到生产平均耗时 6 个月的爱马仕真丝丝巾（图 7–4），售价一般是千元级别，就显得价格尤为“亲民”，成了很多爱马仕品牌爱好者的入门之选。

图 7–4　爱马仕真丝丝巾

3. 通过商品的外观、品牌、产地、包装、使用特点等进行比较

很多时候消费者对商品的价格判断主要来自商品本身的属性。例如商品的外观设计是否美观，品牌是否具有高知名度，生产产地来自哪里，包装是否精美，使用起来是否方便等，这些都会使消费者产生不同的价格判断。

4. 通过消费者自身的感受体验来判断

在销售现场，除了现场的服务设施、场所布置，消费者的体验还包括了消费者与销售人员的互动。如果消费者获得专业和细致的服务，他们通常愿意接受较高的价格。例如奢侈品门店通常提供一系列高质量服务：形象出众的导购人员、布置精美的店铺环境（图 7-5）、“一对一”的私人定制服务等，都旨在为消费者提供独特、个性化和卓越的购物体验。

图 7-5　香奈儿终端某店铺

（二）影响消费者价格判断的因素

1. 消费者的经济收入

消费者的个人经济收入状况在很大程度上会影响他们对价格的判断。消费者的个人经济状况决定了他们能够承担的购买能力。如果消费者经济收入状况良好，拥有充裕的收入和财务储备，他们可能更容易接

受高价，并愿意购买价格较高的产品或服务。反之，则可能出现截然相反的情况。

2. 消费者的价格心理

消费者价格心理，包括习惯性价格心理、敏感性价格心理、倾向性价格心理、感受性价格心理，这些都会影响消费者对价格的判断。例如对于奢侈品倾向于追求高价位的倾向性价格心理，会使消费者在判断奢侈品价格的时候容易给出较高的价格判断。

3. 商品的销售地点

同样的商品若摆放在不同的销售地点进行售卖也会在一定程度上影响消费者的价格判断。例如同一批服装厂生产、出货的服装商品，以同样的价格分别在繁华市中心的精品店和服装批发市场出售，消费者往往会认为后者的定价过高。

4. 商品的类别

同一种商品因为不同的用途、功能可以被归为不同的商品类别。例如一块手表，如果单纯作为日用品，即时间工具，它的主要功能是帮助人们查看时间。作为装饰品，手表被许多品牌从设计到制作提升为一种艺术形式，通过精美的工艺和独特的设计吸引消费者购买。此时的手表不仅仅是时间工具，更是一种装饰品，用来搭配展示。消费者对于后者的价格判断将明显高于前者。

5. 商品的购买时间

在一些特定的时间内购买特定的商品，价格有可能高，也有可能低。对于服装商品来说，季节性销售是影响消费者对服装价格判断的重要因素之一。在季节交替时，商家通常会对上季度的服装进行折扣销售，以清理库存。消费者会认为这个时候购买服装商品应该支付比当季商品更低的金额。而当新一季的服装系列发布时，商家通常会给出较高定价。由于新品通常会被认为具有较高的时尚价值，消费者通常也愿意支付较高的金额。

五、商品定价的心理策略

（一）撇脂定价法

撇脂定价法又称为高价法，是指当产品刚刚进入到市场的时候将价格定位在较高的水平，通过将产品价格设置得较高，来强调产品的高品质、独特性或奢侈感，吸引那些重视品质和愿意支付更高价格的消费者，以便在最短的时间里获取最大的利润，尽快收回投资，该做法犹如从鲜奶中撇取奶油。科技类公司经常在智能手机、电脑等产品上采用这种定价策略，其目标是在高需求、竞争少的情况下获得更高的收益，比较典型的产品有苹果手机。

这种定价策略的优点在于：新产品上市，可抓紧时机迅速收回投资成本，再用以开发其他新产品。同时该策略将产品定位为高品质、高端或独特的选择，通过高价来传递这种价值主张，帮助建立品牌的高档形象，即使在后期进入产品成熟期后也拥有较大的价格调整空间。当然，撇脂定价法也存在一些潜在的风险和缺点：高价定位可能限制了产品的市场渗透能力，因为只有有限数量的消费者能够负担得起；高价可能会吸引竞争对手进入市场，带来价格竞争，降低产品的利润空间；一旦产品质量和服务不符合高价给消费者带来的预期价值，可能会损害品牌信誉。

（二）渗透定价法

渗透定价法是指企业为投入市场的产品制定一个相对较低的价格，迎合消费者“求廉”“求实”的消费心理，吸引大量消费者，迅速渗透市场，获取更多市场份额。这种策略通常用于推出新产品或进入新市场，以快速建立品牌知名度和消费者群体。快时尚品牌优衣库主要就是采用渗透定价法，品牌以“Made for all”的概念，定出消费者可接受的亲民价格，以低价战略打入市场，大规模进行市场渗透，同时以“低价不低质”的优质质量维持品牌形象。

该定价策略可以促使新品快速成长，迅速占领市场，扩大销量，进而降低单位成本，提高长期利润。尽管渗透定价法在短期内可以迅速增加市场份额，但也存在一些潜在的风险和缺点：低价可能会导致产品的利润较低，对企业盈利能力构成挑战；过度依赖低定价可能会导致消费者对产品品质和价值产生负面印象；一旦定价降低，再将价格提高可能会面临消费者的不满情绪；竞争对手可能采取反制措施，进一步降低价格，导致不良价格战。

案例拓展

名创优品的渗透定价策略[①]

香水 20 元，耳机 10 元，拖鞋 10 元，笔 10 元 3 支，很多人第一次来到名创优品（Miniso）都不禁惊呼“太便宜了”！2013 年叶国富创建了日用零售品牌名创优品（图 7–6），他只定 1 倍的定倍率，意思就是零售价等于出厂价。这么低的价格，是怎么做到的呢？这样卖不会赔死吗？叶国富却用了两年的时间，开了 1100 多家门店。聚合这些订单，跟厂家谈判，可以用出厂价一半的价格，拿到同样质量的产品。工厂接到这么大的单，当然愿意降价，并且他们也有筹码跟上游的供应商谈判。所以，名创优品的产品价格 =50% 出厂价 +（8% ~ 10%）运营成本 +（32% ~ 38%）门店利润。别人卖 3 块钱的东西，他可以卖不到一块钱。一年销售超过一亿，就能赚钱。2015 年年底收入已经接近 60 亿。叶国富不但做到了盈利，还牢牢地把竞争对手挡在了门外。

叶国富的方法正是市场营销中的一大套路：市场渗透定价策略。就是以一个较低的产品价格打入市场，目的是在短期内加速市场成长，牺牲高毛利以期获得较高的销售量及市场占有率，进

① 经本正一 . 渗透定价策略：福特、小米、Miniso 的价格战略 [EB/OL].https://mp.weixin.qq.com/s/EvEodQ4tty3APXBwHEKdBw.2017–02–09.

而产生显著的成本经济效益，使成本和价格得以不断降低。渗透价格并不意味着绝对的便宜，而是相对于价值来讲比较低。

图 7–6　名创优品线下门店

（三）满意定价法

当消费者对价格十分敏感时，不适合采用撇脂定价法；当消费者对商品品质有一定追求时，不适合采用渗透定价策略。此时企业可以采用满意价格策略，即制定一个不算高也不算低的折中价格，使企业既能获得一定的利润，又能吸引消费者购买，赢得消费者的好感，达到双方满意的双赢局面。这种定价法的优点是价格总体较稳定，在正常情况下容易实现预期目标。但是也存在定价较为保守的缺点，不适应于复杂多变的竞争环境。

（四）尾数定价法

尾数定价法又称零头定价法，是指将价格保留尾数，采用零头标价。例如使用 99、199 这类结尾的价格（图 7–7）。这种定价方法利用了消费者对价格的心理感知，通常会让消费者感觉价格看起来比实际更低，从而更愿意接受。有时候商家还会定一个以“6”“8”结尾的数字来寓意吉祥，让消费者心理上更容易满足。

图 7-7　淘宝平台服装商品尾数定价示例

企业在选择定价策略时应该根据产品特点、目标市场需求、竞争环境和长期战略目标进行权衡，综合考虑。有时候，采用混合定价策略或根据市场需求灵活调整定价是较明智的选择。

六、商品价格调整的心理策略

定价是一个动态的过程，随着市场条件、竞争环境、成本和消费者需求等因素的变化，企业需要不断地进行评估和调整价格，以适应变化的市场情况来实现最佳经济效益。在调整价格时，要充分研究消费者对产品的价值感知、价格变动的敏感度以及可能出现的调价反应，这样才可以有助于企业制定合理的定价策略，从而达到促进销售、增加利润的目的。

（一）商品降价的心理策略

商品降价会刺激消费者的感受，对企业也可能产生各种各样的影响。在一些固有认知中会认为降价对消费者自身利益有好处，必然会刺激消费者的购买欲望，然而事实有时并非如此，常常是价格降低了，购买的消费者反而少了。很多消费者表示商品降价可能意味着“质量不好”“以后还会降价”“商品过时了”。

1. 商品降价的原因

（1）企业产能过剩，降价处理库存。

（2）竞争加剧，企业为了维持市场占有率而进行降价促销。

（3）企业期望通过降价来扩大销量以降低成本，从而降低价格。

（4）市场大环境不好，需求降低。

（5）商品的生命周期变化引起降价，例如服装过季降价处理。

2. 消费者对商品降价的心理反应

（1）消费者认为便宜没好货。

（2）消费者认为买便宜货有失身份。

（3）消费者猜测会有新产品问世，担忧买了旧产品后期维护跟不上。

（4）降价商品可能是过期、残次品。

（5）商品已降价，还会再降价。

3. 商品降价时，企业可采取的心理策略

（1）准确把握降价时机

准确地把握降价时机可以起到激发消费者购买欲、产生购买行为的作用。当服装零售商发现以下问题时应及时降价：某系列服装产品在市场中销售了一段时间，但消费者需求正出现严重的萎缩，意味着一个系列产品的流行周期即将结束时；产品的销售周期变长，存货水平下降变慢，产品市场吸引力降低时；期望通过处理需求不旺的存货来带动新产品销售时；新产品急需上市，受到销售空间限制，需对货架上的过季产品及时处理时。

（2）选择适当的降价幅度

商品的降价幅度要适度，如同感觉的阈限里讲到的，人的感觉只有在一定刺激强度范围内才能产生各种反应，如果降价的幅度过小会难以激发消费者产生兴趣。反之降价的幅度过大容易损害品牌形象和利润率，消费者也会对商品质量产生质疑，因此只有适度的降价才可以达到吸引消费者购买的目的。

（3）采用变相降价方式

最直接的降价方式是将商品的目录价格或标价绝对下降。这种降价方式会立即反映在商品的价格上，消费者可以立即看到价格的变化。这样做的优点是可以快速直接地刺激消费者购买欲望，达到清理滞销或过季产品的目的。但该方式可能损害产品的品牌形象和消费者的价值感知，因此企业更多采用的是一些价格暗降的形式，即为消费者提供附加价值或优惠，而不是直接降低产品目录价格。常见的方式有数量折扣、赠送样品（优惠券）、允许消费者分期付款、免费或优惠送货上门等。这种价格暗降具有较强灵活性，即使取消也不会引起消费者太大的反感。

（二）商品提价的心理策略

商品涨价可能导致消费者的反感和不满，尤其是如果涨价幅度较大或较频繁，一些消费者可能会寻找替代商品继而转向其他品牌，这对企业而言会造成很不利的局面。然而在实际经营中，企业经常会面临不得不涨价的情况，如何充分预测消费者的涨价反应，并采取相应的心理策略是企业必须要研究的课题。

1. 商品涨价的原因

（1）由于生产成本涨价导致的商品涨价。

（2）企业通过研发优化了产品质量或增加了产品功能或服务内容。

（3）市场需求旺盛，商品供不应求，可替代商品少。

（4）利用消费者心理，创造优质效应。

2. 消费者对商品涨价的心理反应

（1）涨价是因为有特殊使用价值，更应赶快购买。

（2）可能还会继续涨价，应尽快抢购。

（3）商品涨价说明是热销产品，有流行趋势，应尽快买。

（4）商品涨价可能是限量发售的，有一定升值空间。

（5）商品涨价可能引发断货，应尽快买。

3. 商品涨价时，企业可采取的心理策略

（1）做好安抚解释工作

提前告知消费者涨价的原因和背景，并解释涨价的必要性。透明度和诚实的沟通有助于建立信任和理解。还可以组织好替代品的销售并提供热情服务，以便求得消费者谅解和支持。

（2）准确把握涨价时机

为了保证涨价策略的顺利实现，服装企业可以选择以下这几种合适的涨价时机：当消费者都知道采购成本要上涨时，如国家规定原棉收购价格上调；换季上新时，新品通常具有较高的新鲜感和吸引力，因此消费者可能更容易接受涨价；年度交替时调高服装商品价位；传统节日时，如春节前服装价格上涨。

（3）采用变相涨价方式

涨价时要注意消费者的感受，为了尽可能避免消费者的反感，企业可采用暗涨价的方式：更换产品型号、面料、花色、配件、包装等。如果企业必须采用明涨价，需要提前做好沟通和解释工作，并提供更为热情周到的服务。合理的涨价策略应该与企业的品牌形象和长期战略保持一致，并充分考虑消费者的需求和市场反应。

【知识测试】

一、单选题

1.“当产品刚刚进入到市场的时候将价格定位在较高的水平，通过将产品价格设置得较高，强调产品的高品质”以上描述属于哪种定价方法？（　　）

A. 撇脂定价法　　B. 渗透定价法

C. 满意定价法　　D. 尾数定价法

2.“消费者经常认为价格较高的商品可能具有更好的材料、工艺、性能等特点，从而与高品质关联。”请问以上描述说明了价格的哪种心理机制？（　　）

A. 调节消费需求　B. 自我意识比拟　C. 衡量商品品质和内在价值

3. 以下哪种消费者价格心理要求企业对于超出习惯价格的商品的价格调整，一定要慎重，尽可能将调价幅度限定在消费者可接受范围内。（　　）

A. 习惯性价格心理　B. 敏感性价格心理　C. 倾向性价格心理

4. 以下哪个选项不属于价格暗降？（　　）

A. 数量折扣　　　　B. 减少样品　　　　C. 允许消费者分期付款

D. 免费或优惠送货上门

二、判断题

1. 商品的降价幅度要适度，如同感觉的阈限里讲到的，人的感觉只有在一定刺激强度范围内才能产生各种反应。（　　）

2. 当新产品急需上市，受到销售空间限制时，需对货架上的过季产品及时进行降价处理。（　　）

3. 在一些固有认知中会认为降价对消费者自身利益有好处，必然会刺激消费者的购买欲望，所以只要是价格降低了，购买的消费者一定增长。（　　）

课程实训 >>>

“一生只爱一人”的奢侈品牌 ROSEONLY①

在 ROSEONLY（图 7-8）出现之前，没人能想象到玫瑰还能够这么卖——这是不少鲜花行业从业者对 ROSEONLY 的评价。十几支玫瑰的礼盒能够卖到上千元，是此前市场上普通玫瑰价格的数百倍。近年来推出的高定永生玫瑰系列最贵可以卖到 16 万元，买者仍趋之若鹜，需要提前预定才能拥有。线上的客单价在 1000 ~ 2000 元之间，线下则达到 3000 ~ 5000 元。一遇到情人节、七夕等节点，门店甚至一度需要排队购买。

ROSEONLY 认为奢侈品牌有三点核心要素：深入人心的品牌故事、稀缺性和手工工艺。

对于国际奢侈品品牌，皇室背景或者百年历史，都是让品牌故事更可信的支撑点。可对于中国本土新兴的奢侈品牌而言，缺少时间沉淀，也没有西方滤镜，如何去打造一个能够支撑起品牌溢价的

① BrandStar. 那个说“一生只爱一人”的奢侈品牌 ROSEONLY，现在怎样了？ [EB/OL]. https://mp.weixin.qq.com/s/pTc0LT9sssohgfeRwelT7g.2021-01-14.

故事，一直是最大的难点。但ROSEONLY的做法十分巧妙，让无价的“爱情”成了品牌的背书。ROSEONLY在创立之初就讲了一个“一生只爱一个人”的故事，即品牌的玫瑰这一生只能送给一个人，并在礼盒中放上“唯一真爱证明”，切入爱情中对于排他性和长久承诺的需求。

而在营造稀缺性上，ROSEONLY则向市场引入了“厄瓜多尔玫瑰”这一概念。在ROSEONLY之前，整个市场和消费者都很少听说或者了解厄瓜多尔这个地方。ROSEONLY创始人称当时他走遍了世界所有的玫瑰园，在赤道至高点地带的厄瓜多尔看到了最好的玫瑰。再加上“枝长要达到百里挑一的80cm、花朵如心脏般大小、低温冷链、48小时国际专线运输国内”等种种限制为其稀缺性加码。而如今，厄瓜多尔已经成了精品玫瑰的代名词。

手工工艺也是ROSEONLY非常强调的一点。品牌称其永生玫瑰是工匠一片一片去处理，需要经过109道特殊工序，耗时60天才能完成，花瓣上的细绒毛也被完整地保留下来。正是这样非流水线的制作过程，无法被量化定价的手工工艺，能够为奢侈感加成。

ROSEONLY认为正是这三点奠定了其奢侈品的内核。

图7-8 ROSEONLY淘宝官方店铺

1. 请结合消费者价格判断的途径及影响价格判断的因素，尝试分析ROSEONLY品牌的价格制定策略，并谈谈对你有何启示。

任务二　影响时尚消费行为的商业广告策划

【任务描述】

挑选一个服装品牌，对该品牌的风格、定位、目标人群进行分析。在此基础上请对该品牌现有的一则广告进行分析，并结合广告策划原则，为该品牌撰写一则广告文案。

案例引入

蕉下《惊蛰令》，中国品牌的文化输出[①]

首先在主题的选定上，蕉下的目光投在了中国的节气文化。而惊蛰更是一个有力量的节点。这个节气不仅是万物苏醒，出门踏春的好时节，还是历经冬日的蛰伏积淀，重整旗鼓，大干一场的开始。蕉下选择惊蛰节气，背后是对中国传统文化智慧的传承和发扬，对人与自然的关系的深刻理解。整支视频在细节表现上也都布满了中国风韵。蕉下为惊蛰节令定制的限量款的惊蛰鞋（图 7–9），提取甲骨文元素为设计图案，借书法与节气和自然融为一体。穿着惊蛰鞋，在平地、丘陵、草原、溪涧、街道等全地形，踏出对户外的热爱，对生活的向往。

蕉下向内挖掘历史文化，向外释放民族的智慧与魅力。在复苏与振兴的大背景下，提振社会情绪，将取自自然文化的欢快洒

① SocialMarketing. 蕉下《惊蛰令》，中国品牌的文化输出 [EB/OL].https://mp.weixin.qq.com/s/BBc9AWgbGD0ela1-1XvpoQ.2023-03-06.

脱的精气神传递出去。

图 7-9　蕉下惊蛰鞋广告海报

《惊蛰令》虽然是一首欢快踏歌，里面却诉说着中国人的一份行走哲学。说的是中国人骨子里的豁达、洒脱、变通，那种“即使前方充满未知和困难，也可以乐观地走下去”的精神和价值观的一个侧影。视频广告里，面对不同境况的路，一家三口始终微笑舞蹈前行；三人对待不同的路有不同的走法，每种都怡然自得，也畅快欢乐。遇到不能走的路，就掉头绕着走。

通过抽象手法展现出“天下无路不可走”的豁达与浪漫，蕉下找到了与消费者深层共鸣的品牌意志。同时蕉下选择一家三口并肩前行的形式，也传达出“前进的路上，有在意的人一路相伴”的团队主义精神和家庭氛围感。在当下集体主义精神觉醒的时代，品牌用一个非常宏大的叙事，和一个非常高艺术化的表达手段，唤醒国人的原生力量，从而达到最基础与广泛的情绪共振。《惊蛰令》既是一次对内的传统文化的科普，也是一次对外的中国文化输出。这种自上而下，由内而外的情绪共振，不仅促进了传统文化传播，增强了传统文化自信，更实现了一种文化共创和文化引领。此次文化传播还得到了媒体的认可和回应（图 7-10），并表示希望可以通过《惊蛰令》的标杆效应，在未来看到更多“借文化底蕴奏时代之音”的优质品牌内容。

中国新闻周刊

37分钟前 来自 微博视频号

【让传统文化成为潮流符号,《惊蛰令》的文化创新】“春雷响，万物惊”。一曲《惊蛰令》，不仅宣告春天来到，更昭示着传统文化的“春意盎然”。蕉下《惊蛰令》挖掘了节气背后的文化内涵，重塑了「踏歌」的中国户外传统，营造了新的集体仪式感，使惊蛰这一传统节气成为了新的节日符号。#蕉下轻量化户外# ... 全文

图 7-10 媒体微博点评蕉下《惊蛰令》广告

在国风营销总是浅尝辄止如走马观花般泛滥的今天，蕉下并不单单是借势中国文化，而是在以中国品牌的视角对外输出中国精神和价值观。通过此次的《惊蛰令》不仅打出了差异性和自己的风格特色，还将中国文化的营销提升到一个新的高度，走出了一条属于中国品牌的创新之路。

【知识学习】

原始社会末期、奴隶社会的初期，随着社会分工、生产力的发展，出现了剩余产品，也就相应地产生了交换的需要。最早的交换是物与物的交换，这个时候广告就出现了。广告一词最初起源于拉丁语“Adverture”，意思是“引起注意，进行诱导”。因为人们希望对方知

道彼此有什么样的商品及价值，所以希望引起注意，进行诱导。随着社会经济的发展，广告越来越广泛的应用，广告的内涵也变得越发丰富。

美国广告大师大卫·奥格威曾说过：“这个世界是由水、空气和广告组成的。”在众多传播形式当中，商业广告通常会成为商家用来与消费者建立有效沟通、刺激消费者产生购买动机，进而引导消费者完成最终购买行为的主要营销手段之一。研究商业广告与消费者行为之间的关系，有利于商家根据消费者行为特征，策划并制作符合消费者心理需求的广告，以达到促进消费者购买的最终目的。

一、商业广告的定义

商业广告是指商品经营者或服务提供者承担相应费用，有计划地通过一定的媒体或形式，直接或间接将商品和劳务信息传递给大众，而起到促进销售作用的一种信息传递方式。广义的广告包括了商业广告与非商业广告，与商业广告的目的不同，非商业广告是为实现某种宣传目的而发布的广告，不存在营利问题，主要分为政治广告、公益广告和个人广告。本书讨论范畴仅限于商业广告。

商业广告的定义包含了以下基本含义：1. 商业广告是由商品经营者支付一定费用的宣传方式；2. 商业广告的最终目的是促进商品销售；3. 商业广告需要借助一定的媒体或形式；4. 商业广告的传播受众是大众；5. 商业广告的传播内容是商品和劳务信息。

头脑风暴

近日央视曝光的服装质量检测结果显示，一些国际知名童装品牌的服装检验不合格，存在甲醛超标等问题。在该新闻报道中无意间还曝光了检验合格的某国产童装品牌，导致该童装品牌在新闻播出之后掀起了一阵销售热潮，成了很多妈妈们的放心之选。请问这种情况是否属于该国产品牌的一次商业广告行为？即是不是具有广告效果的信息传播行为就是广告行为？

头脑风暴

小贴士：这种情况下，明明是一种新闻报道行为，却产生了很显著的广告效果，可想而知这种由央视播放后的广告效应是非常巨大的。但是这则报道显然不是商业广告行为，因为广告必须遵循广告的本质规律，即：商业广告是由商品经营者承担相应的费用，有计划地通过一定的媒体或形式，直接或间接将商品和劳务信息传递给大众，而起到促进销售作用的一种非人员推销的信息传递方式。显然此新闻报道缺少商业广告的广告主以及付费行为。

二、服装商业广告与消费行为

基于以上商业广告的定义，这里将服装商业广告定义为是由服装制造商或经销商等广告主体在付费的条件下，有计划地通过一定的媒体或形式，对服装类产品或服装品牌形象所进行的说服性信息传播活动，以促成整体营销计划。服装商业广告作为连接服装企业与服装消费者之间联系的重要桥梁，具有一定的心理功能，即能在人们心理层面上产生的影响和作用。服装商业广告旨在吸引人们的注意力并激发其兴趣，以促使他们采取特定的行动，比如购买服装产品或者改变对服装品牌态度和行为。服装商业广告主要产生以下心理功能：

（一）认知功能

认知功能是服装商业广告最基础的心理功能。是指广告通过图片、文字、声音和视频等多种媒体形式将品牌信息传递给目标受众，从而识别并记住特定品牌。广告的认知功能是广告传播的第一步，它在消费者心中引起对广告内容和品牌的注意和兴趣，为后续的消费行为奠定基础。

案例拓展

无印良品轻质棉系列夏季内衣广告

极简是一直贯穿无印良品产品理念与营销创意的精神内核。原研哉为无印良品轻质棉系列夏季内衣设计的广告海报（图 7–11），以一件飘逸的白色内衣形象带来了如同清风般的清凉感受，一眼便令人接收到产品核心卖点。

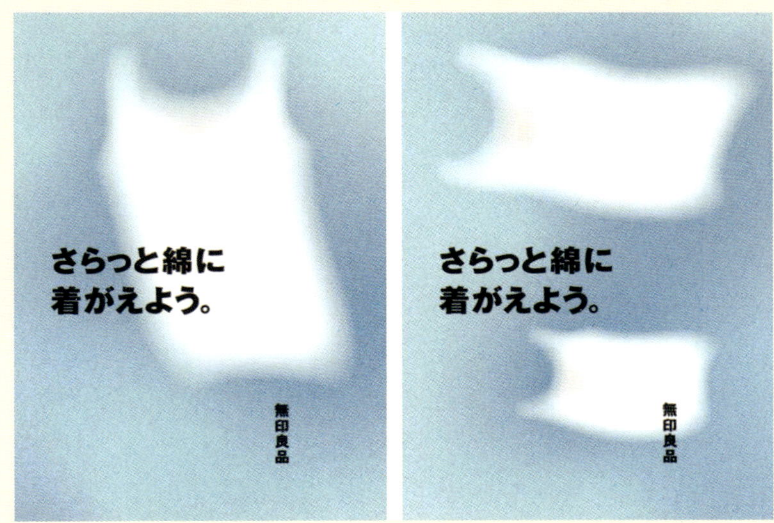

图 7–11　无印良品夏季轻质棉系列内衣广告海报

（二）诱导功能

优秀的服装商业广告注重与消费者的情感融通，通过幽默、温馨、怀旧或悲伤等情感元素来触动消费者的情感，以此唤起消费者的美好联想，改变原有的偏见并激发购买欲。

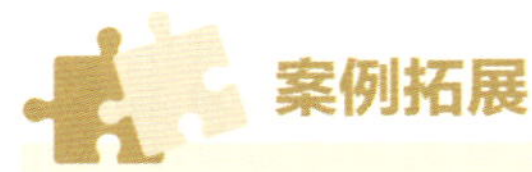

优衣库母亲节广告[①]

母亲节当天，日本优衣库品牌在《朝日新闻》的报纸上刊登的母亲节广告引发读者的共鸣和讨论（图 7-12）。《樱桃小丸子》中的母女两人小丸子和妈妈分别出现在两版报纸版面上，仿佛两人在各自的世界里诉说心里话，表达对母亲的感恩和母爱的伟大。利用纸媒的这一排布特点，品牌也形象展现了“说不出口的感谢”这一主题，细腻而柔软。

广告文字翻译：

樱桃小丸子：我的妈妈总爱生气，很急性子又喜欢多管闲事，常常搞不懂她在想什么。当然内心深处真的非常感谢妈妈，但那句话很难表达，也许因为太亲近了，要说出真心话，我实在有点害羞。在我的心中，真的很谢谢你呀。

妈妈：我的孩子总是爱偷懒，又我行我素，让我特别担心，到底在想什么啊。虽然我经常唠叨，但只要你陪在我身边，我就非常感谢了。虽然我总喋喋不休，却还是无法用言语表达，一定要好好告诉你：你对我很重要，我们说说话吧。

图 7-12　优衣库品牌母亲节广告

---

① 吴诗源 . 每日一图：优衣库的母亲节广告，是小丸子和妈妈彼此的告白 [EB/OL]. https://mp.weixin.qq.com/s/WEYj4Q5M7_OdMzLyk-rdvQ.2023-05-19.

（三）教育功能

服装商业广告用科学、文明、健康的真实内容向消费者介绍产品或服务的知识。通过展示产品的特点、功能、用途和优势，广告可以帮助消费者了解产品的基本信息及使用知识，带给消费者美的享受，树立正确合理的消费观，在潜移默化中起到了教育作用。例如 BOSS 品牌 2020 秋冬可持续系列广告大片中，展现了品牌一直以来倡导的可持续制衣标准，该系列产品（图 7-13）均采用有机棉和再生纤维纱线打造的可持续面料制成，柔软亲肤且不失质感，并发出“责纫宣言”。借助商业广告的内容传播了品牌切身实际保护地球的决心，以此增加消费者对环境问题的意识，并鼓励消费者采取积极的环保行动。

图 7-13　BOSS 品牌“责纫宣言”胶囊系列卫衣

案例拓展

思政融入

可持续时尚究竟在“持续”些什么？①

当今，人类正在努力通过各种方式为“可持续性”这一关乎于生存的议题寻求合理解答，时尚行业也不例外。那么，时尚行业一直以来所强调的可持续性究竟在“持续”些什么？时尚行业又真正为推动可持续性发展做了什么？

1. 用商业拯救环境

作为仅次于石油的全球第二大污染产业，时尚行业重视环保的口号越来越响亮，也有越来越多的时尚企业、服装制造商、消费者开始投身可持续性发展，共同承担起应尽的社会责任。

当一个品牌把对社会价值、生态价值的关注度提升至追求利润的目标之上时，这也就意味着，这个品牌将会作出减少对环境影响的改变。不久前，户外运动品牌 Patagonia 创始人 Yvon Chouinard 宣布把 30 亿美元公司捐给地球，并在公开信中写道，“地球现在是我们唯一的股东”。同时，将会利用 Patagonia 品牌大约 1 亿美元的年利润来应对环境危机和保护自然（图 7–14）。

图 7–14 Patagonia 品牌环保宣言

① FASHION ZOO. 可持续时尚究竟在“持续”些什么？ [EB/OL].https://mp.weixin.qq.com/s/bQO8ecPaQ-tBZWdaFNu16Q.2022-09-28.

2. 以影响力为可持续性赋能

作为世界第三大奢侈品集团之一的开云集团，为了能够更好地挖掘可持续创新科技，为行业带来更多的可持续解决方案，早在 2012 年便设立了可持续发展目标，旨在通过减少二氧化碳排放、减少处理皮革的方式减少对环境的负面影响。不仅如此，开云集团在 2019 年还推出了开云可持续创新先锋奖，希望赋能更多初创企业，用创新驱动整个行业的可持续发展改革。

3. 用设计演绎可持续性之美

近些年，循环再生的生产方式及设计理念在众多奢侈品牌中初见端倪，设计师们也开始在设计的过程中找寻"可持续"，将原本面临废弃的材料打造成可持续艺术品。从 Prada 推出 Re-Nylon 系列单品，到 Louis Vuitton 采用 90% 可回收和生物面料制而成的 Trainer 鞋履（图 7–15）……品牌们在"环保主义"概念上展现了独特的态度与打破规则的创造力，依托"循环再生"（Recycling）与"升级再造"（Upcycling）等手法的可持续循环设计体系为时装产业向可持续迈进的过程提供了切实的路径。

图 7–15　Louis Vuitton Trainer 可持续环保鞋履

4. 仍需"持续"的可持续发展

技术进步、基础设施改善、循环设计实践、消费者偏好的转变以及不断加大的监管压力，都在为时尚行业坚持可持续发展创造一种良好环境。越来越多的企业、品牌、设计师将绿色基因注入产业链的每一个环节，而这种环保的"使命"，也将会以一种"时尚态度"持续影响更多人。

（四）便利功能

服装商业广告能够帮助服装企业反复宣传和推广他们的产品或服务。可以向潜在消费者直接传达服装产品的卖点、优势，帮助消费者更便利地收集产品相关信息，节省挑选、比较的时间，降低购买风险，从而更高效地完成购买决策。

（五）促销功能

服装商业广告中的促销功能是其最主要的功能。可以有效地将服装企业的促销活动，如打折、优惠券、赠品等信息传递给消费者，达到吸引消费者注意和产生购买动机的目的。

三、服装商业广告的基本原则

能对消费者行为产生积极影响的优质服装商业广告在进行策划、设计和传播时应遵循以下基本准则。

（一）真实性原则

真实性原则是服装商业广告的基本原则。在商业广告中，应该真实、准确地反映服装商品的属性、功能及服务内容信息。

（二）遵守法律法规原则

服装商业广告应遵守国家法律法规，包括广告法、消费者权益保护法等。商业广告不得违反禁止性规定，如虚假宣传、侵犯知识产权等伤害消费者权益的违法行为。

思政融入

（三）公正竞争原则

我国《广告法》明确规定，广告中不得出现诋毁同类生产者、竞争者的商品和服务内容。服装商业广告应遵守公平竞争的原则，不得使用不正当手段进行比较，应该依靠品牌自身的真实优势来吸引消费者。

（四）艺术性原则

艺术性原则是指在商业广告设计和创作过程中所遵循的一定的艺术设计美学。艺术性原则旨在通过视觉美学的表达，高质量传递服装品牌信息，吸引消费者的注意力，给消费者以艺术美的享受，进而激发消费兴趣。

（五）创意性原则

在这个信息爆炸的时代，能够在激烈的竞争中脱颖而出，吸引消费者的注意力和兴趣的商业广告一定具备创意性。创意性的广告往往能够引起消费者的积极情绪和兴趣，当消费者被广告创意性内容吸引并与之产生共鸣时，他们更有可能与品牌互动进而转化为现实消费者。

（六）一致性原则

服装商业广告应与企业的品牌形象和市场定位保持一致性。广告的风格、色彩、语言和声音等要素应与企业的整体形象相协调，以增强品牌的辨识度和连贯性。通过保持广告的一致性，品牌可以建立稳定的形象输出，增强消费者对品牌的信任和忠诚度。

【知识测试】

一、单选题

1. 服装商业广告用科学、文明、健康的真实内容向消费者介绍产品或服务的知识，这属于商业广告的哪项功能？（　　）

A. 认知功能　　B. 教育功能

C. 诱导功能　　D. 促销功能

2. 在这个信息爆炸的时代，能够在激烈的竞争中脱颖而出，吸引观众的注意力和兴趣的商业广告一定具备哪项基本原则？（　　）

A. 公平竞争原则　　B. 创意性原则

C. 遵守法律法规原则　　D. 一致性原则

3.“服装商业广告能够帮助服装企业反复宣传和推广他们的产品或服务。可以向潜在消费者直接传达服装产品的卖点、优势，帮助消费者更便利地收集产品相关信息”以上描述属于商业广告的哪项功能？（　　）

A. 认知功能　　B. 教育功能

C. 诱导功能　　D. 促销功能

二、判断题

1. 广义的广告包括了商业广告与非商业广告，与商业广告的目的不同，非商业广告是为实现某种宣传目的而发布的广告，不存在营利问题，主要分为政治广告、公益广告和个人广告。（　　）

2. 只要满足借助一定的媒体或形式，直接或间接将商品和劳务信息传递给大众，并达到了显著的广告效果，无论经营者是否有支付一定的费用制作，这都属于商业广告。（　　）

3. 认知功能是服装商业广告最基础的心理功能。（　　）

课程实训 >>>

1. 请每个小组选择一个现有的国内（国外）知名服装品牌，收集该品牌发布的系列广告，针对广告的目标、广告的创意、广告的效果等内容展开分析，分析其是否起到了积极的消费行为影响效果，完成一份“××服装品牌广告分析报告”。

2. 为该品牌撰写一则视频广告策划方案，内容应包含：品牌名称、广告语、广告脚本、代言人等内容。完成一份“××服装品牌广告策划书”。